Hindi Translation Of **"The Monkey God"**.

वानर राज हनुमान

वैश्विक कथाएं

गोपाल शर्मा

डायमंड बुक्स

www.diamondbooks.in

प्रकाशक : डायमंड पॉकेट बुक्स (प्रा.) लि.
X-30 ओखला इंडस्ट्रियल एरिया, फेज-II
नई दिल्ली - 110020
फोन : 011- 40712200
ई-मेल : wecare@diamondbooks.in
वेबसाइट : www.diamondbooks.in
संस्करण : 2026
मुद्रक : रेप्रो (इंडिया)

Vanar Raj Hanuman
by : *Gopal Sharma*

दो शब्द

इस पुस्तक के लेखन की एक पृष्ठ भूमि है। लेखन का एक कारण है। एक कहानी है जिसे सुनाए बगैर मैं नहीं रह सकता, चाहे आप इसेपढ़े बगैर अपना काम चला लें। हुआ कुछ यूं था। एक शांत सुखद शाम को - सटीक रूप से कहें तो 15 फरवरी, 2025 - मैंने खुद को हैदराबाद में प्रख्यात कवि अरुण कमल के सम्मान में आयोजित समारोह में साहित्य के स्थानीय दिग्गजों के बीच पाया। वातावरण आल्हाद से भरा हुआ था, विद्वानों और लेखकों के बीच विचारों का एक समृद्ध आदान-प्रदान हो रहा था। देरिदा पर मेरी हाल की पुस्तक की प्रशंसा के दौरान, चर्चा ने एक अप्रत्याशित मोड़ ले लिया। अपनी आँखों में जिज्ञासा की चमक के साथ, प्रोफेसर कमल ने एक ऐसी किताब का उल्लेख किया, जिसके बारे में हममें से किसी ने भी - हमारे सामूहिक पढ़ाकू और लिक्खाड़ होने के बावजूद - नहीं सुना था: ऑक्टेवियो पाज़ द्वारा लिखित द मंकी ग्रामेरियन। पुस्तक का शीर्षक ही मेरे भीतर गहराई से कुछ जगाने के लिए पर्याप्त था। रहस्यपूर्ण आकर्षक और अजीब तरह से... परिचित।

हफ़्तों बाद, 28 फरवरी को, मैं नई दिल्ली में भारतीय अनुवाद परिषद से अनुवाद अध्ययन पर अपनी पुस्तक के लिए पुरस्कार प्राप्त करते हुए मौजूद था। मार्च ने मुझे कुछ दिन दिल्ली में ही रखा और उस दौरान, मैंने दिल्ली में अपने प्रकाशक को 'द मंकी ग्रामरियन' का हिंदी में अनुवाद करने का विचार पेश किया। लेकिन अनुमतियों से जुड़ी कानूनी बाधाओं ने जल्द ही हमें इस विचार को टालने पर मजबूर कर दिया। मैं एम्स्टर्डम वापस चला गया - जहाँ मेरे बाद आने वाली सुर्खियाँ ऑपरेशन सिंदूर की कहानियों से भरी हुई थीं। रक्षा मंत्री राजनाथ सिंह ने ऑपरेशन सिंदूर के दौरान भारतीय सशस्त्र बलों की उनके वीरता पूर्ण आचरण के लिए सराहना की। उन्होंने युद्ध में भारत के अडिग नैतिक सिद्धांतों पर प्रकाश डाला, और जोर देकर कहा कि राष्ट्र की कार्रवाई भगवान हनुमान के आदर्शों द्वारा निर्देशित थी, जो केवल उन लोगों पर प्रहार करती है जो निर्दोष लोगों को नुकसान पहुँचाते हैं। इन गरजने बरसने वाली घटनाओं के बीच, मेरी आत्मा कुछ नरम-गरम करने की लालसा करने लगी।

मेरा पौत्र आर्यव - सभी पौत्रों की तरह - सवालों और कहानियों का एक पुलिंदा है जो

सदैव बेड-टाइम स्टोरी के साक्षात घटित होने का इंतज़ार कर रहा होता है। वह कहानियाँ सुनना चाहता था, और मैं उसे कहानियाँ सुनाना चाहता था। लेकिन आधुनिक जीवन, विशेष रूप से पश्चिम में, बच्चों को अलग-अलग कमरों में सुलाया जाता है। रात में सोते समय एक नहीं अनेक छाया-मूर्तियाँ उसे डराती थी। वह हमारी बगल में सोना चाहता था। लेकिन "नियम", जैसा कि वे कहते हैं, इसकी अनुमति नहीं देते थे। और वहीं, कोमलता और शांत विद्रोह के उस क्षण में, इस पुस्तक का जन्म हुआ। जो कहानियाँ मैं सुना नहीं सका, कह नहीं सका। उन्हें लिखने का इरादा किया । सोचा कि संकट मोचन हनुमान जी के नाम लेने मात्र से भूत पिशाच निकट नहीं आते तो छाया की क्या बिसात। जो हनुमान छाया ग्राहिणी राक्षसी से निपट लेते हैं वे मेरे पौत्र को भी भय मुक्त कर देने वाले हैं ।

बातों का लब्बो-लुआब यह है कि जो संकल्प एक साहित्यिक अनुवाद के रूप में शुरू हुआ, वह जल्द ही कुछ समृद्ध, अधिक हृदयस्पर्शी कहानियों के रूप में बदल गया। मैंने अंग्रेजी और डच भाषी पौत्र को हिंदी में हनुमान जी का गुणानुवाद सुनाना चाहा और हर सप्ताह 'मंकी टाउन' जाने वाले बच्चे को इस 'मंकी गॉड' से मिलवाया।

वानर राज हनुमान को दुनिया भर में देखा और पसंद किया जाता है। पहाड़ की चोटियों से लेकर आधुनिक शहरों तक, पवित्र मंत्रों से लेकर रात में सोने के समय की फुसफुसाहट तक, हनुमान जी की उपस्थिति चपलता, ज्ञान और भक्ति सर्वत्र दिखाई देती है। अनेक संस्कृतियों-मुख्यतः दक्षिण पश्चिम एशिया - में गायन, वादन, नृत्य और नाटक द्वारा हनुमान जी के जीवन के प्रसंगों का मंचन होता है।

यह पुस्तक एक गर्मजोशी भरे, आमंत्रित करने वाले प्रारूप के रूप में आपके सामने आई है। एक संक्षिप्त प्रस्तावना संदर्भ प्रदान करती है, उसके बाद कहानियों की एक श्रृंखला है। हनुमान जी के जीवन से जुड़ी कहानियाँ भूगोल, भाषा, धर्म और समय से परे यात्रा करती हैं। उपसंहार में हनुमान चालीसा विद्यमान है।

और हाँ, इन पृष्ठों के माध्यम से समझ बूझ कर, एक अलग अध्याय में, आपको द मंकी ग्रामरियन का जिक्र और उस पर एक टिप्पणी और एक कहानी मिलेगी - अनुवाद के रूप में नहीं, बल्कि उस चिंगारी के प्रति सम्मानजनक इशारे के रूप में जिसने इस पुस्तक की लौ इस लेखक के मन में जलाई। हाँ, इसी बहाने दादा-पोते का संवाद भी हो गया।

यह केवल एक पुस्तक मात्र नहीं है। यह एक उपहार है - उन लोगों के लिए जो एक बच्चे जैसा दिल रखते हैं, चाहे उनकी उम्र कुछ भी हो। सपने देखने वाले साधकों और आस्था वान भक्तों के लिए एक भाव भरी किताब।

हनुमान जी इन पन्नों से सीधे आपके दिल में उतर जाएँ, इसी आशा और विश्वास के साथ!

गोपाल शर्मा

प्रस्तावना

हनुमान, हनुमत, हनुमंत। एक प्रसिद्ध वानर राज सरदार। वे उड़ने में सक्षम थे और रामायण में एक विशिष्ट पात्र हैं ...हनुमान जी ने एक ही छलांग में भारत से सीलोन तक छलांग लगाई; पेड़ों को उखाड़ दिया, हिमालय को बहा ले गए, बादलों को पकड़ लिया और कई अन्य अद्भुत कारनामे किए।... उनकी अन्य उपलब्धियों में, एक यह भी है कि हनुमान एक व्याकरणविद थे; और रामायण कहती है: "वानर राज परिपूर्ण है; शास्त्रों में, सीखने में, और शास्त्रों के अर्थ को जानने में (या इच्छानुसार चलने में) कोई भी उनकी बराबरी नहीं कर सकता। यह सर्वविदित है कि हनुमान व्याकरण के नौवें लेखक थे।"

जॉन डाउसन, एम.आर.ए.एस, हिंदू पौराणिक कथाओं का एक शास्त्रीय शब्दकोश

HANUMĀN, HANUMAT, HANUMANT. A celebrated monkey chief. He was able to fly and is a conspicuous figure in the Rāmāyana. ... Hanumān leaped from India to Ceylon in one bound; tore up trees, carried away the Himalayas, seized the clouds and performed many other wonderful exploits.... Among his other accomplishments, Hanumān was a grammarian; and the Rāmāyana says: "The chief of monkeys is perfect; no one equals him in the sāstras, in learning, and in ascertaining the sense of the scriptures (or in moving at will). It is well known that Hanumān was the ninth author of grammar."

John Dowson, M. R. A. S, A Classical Dictionary of Hindu Mythology

हनुमंत, बजरंग बली और अनेक नामों से ख्यात राम भक्त हनुमान वह हैं जो अयोध्या पर उसके सबसे ऊंचे स्थान से नजर रखते हैं, भगवान राम की नगरी की रक्षा करते हैं और उन लोगों को आशीर्वाद देते हैं जो सही रास्ते पर चलने का प्रयास करते हैं। उनका हनुमान गढ़ी मंदिर, एक पहाड़ी की चोटी पर स्थित है, नीचे से देखने पर एक लघु किले जैसा दिखता है। अपने ठोस निर्माण, भव्य प्रवेश द्वार और तोपों द्वारा संरक्षित चौदह बुर्जों के साथ, मंदिर शक्ति और सतर्कता बिखेरता है। इसके प्रवेश द्वार तक पहुंचने के लिए, किसी को छिहत्तर सीढ़ियां चढ़नी पड़ती हैं, एक द्वार पर पहुंचना पड़ता है जहां से नीचे शहर का विहंगम दृश्य दिखाई देता है। यहां हनुमान

जी को गदा या पहाड़ के साथ नहीं, क्रोध या आवेश में नहीं, न ही अपनी भक्ति की पुष्टि करने के लिए अपने हृदय को चीर फाड़ कर प्रकट करने की क्रिया में दर्शाया गया है। यह मूर्ति अन्य स्थानों पर अक्सर देखी जाने वाली भव्य मूर्तियों की तुलना में आकार में छोटी है। एक सिंहासन पर बैठे, वह अयोध्या के शांत और दृढ़ रक्षक के रूप में अपना सही स्थान ग्रहण करते अपनी असीम शक्ति, अटूट भक्ति और धर्म की शाश्वत रक्षा में, हनुमान दिव्य वीरता की भावना को मूर्त रूप देते हैं - यही वह शांत भाव है जिससे किंवदंतियाँ बनती हैं।

क्या आपने कभी किसी सुपरहीरो के बारे में सुना है जो समुद्र पार उड़ सकता है, पहाड़ों को उठा सकता है और अपनी इच्छानुसार बड़ा या छोटा हो सकता है? आइए हम आपको भगवान हनुमान से मिलवाते हैं - भारतीय कहानियों, खासकर रामायण के बहादुर, चतुर और मौज-मस्ती करने वाले वानर राज देवता। ऋषि वाल्मीकि द्वारा रचित रामायण, वानर राज देवता का उल्लेख करने वाला सबसे पुराना ग्रंथ है। विद्वानों का अनुमान है कि यह ग्रंथ तीसरी शताब्दी ईसा पूर्व के आसपास लिखा गया था।

हनुमान नाम संभवतः प्राचीन द्रविड़ शब्द "अना-मंडी" से आया है, जिसका अर्थ है "नर वानर राज।" इस सिद्धांत का समर्थन इस तथ्य से होता है कि हनुमान को थाईलैंड में 'अनुमान' और मलेशिया में 'एंडोमन' कहा जाता है, ये वे क्षेत्र हैं जहाँ द्रविड़ संस्कृति का एक लंबा इतिहास है। हालाँकि, उत्तर भारत में, कुछ लोगों का मानना है कि यह नाम- अनु+मान "अहंकार या गर्व से रहित व्यक्ति" को दर्शाता है। यह व्याख्या महाकाव्य रामायण में हनुमान के विनम्र चरित्र के साथ अच्छी तरह से मेल खाती है, रामायण में पात्रों के तीन मुख्य समूह हैं:

• मनुष्य (नर): अयोध्या में ऋषियों के नेतृत्व में, वे अपने मन-मस्तिष्क का विस्तार करना चाहते हैं और वैदिक ज्ञान को मूर्त रूप देते हुए अपनी दिव्य क्षमता का एहसास करना चाहते हैं।

• राक्षस: लंका के द्वीप पर निवास करते हुए और रावण के नेतृत्व में, वे शक्ति के लिए वैदिक ज्ञान का दुरुपयोग करते हैं, इसके वास्तविक ज्ञान को समझने में विफल रहते हैं।

• वानर: मनुष्यों और राक्षसों के बीच रहते हुए, वे महाकाव्य में एक महत्वपूर्ण भूमिका निभाते हैं।

इस दृष्टि से वानर राज हनुमान जिन्हें अंग्रेजी में कई लोग प्यार से 'मंकी गॉड' कहते हैं। ओबामा किस मंकी गॉड की छोटी सी प्रतिमा अपनी जेब में लिए रहते हैं और क्यों, ये तो वही जानें। अब हम उनके दूसरे नाम पर विचार करते हैं। हनुमान नाम तो है ही और इसका प्रयोग तो सब करते ही हैं पर संस्कृत में यह हनुमंत से जुड़ा लगता है। इसमें 'महत' की महती भूमिका है।

"महत" और "महान" दोनों शब्दों का अर्थ "महान" या "उच्च" है, लेकिन उनके बीच का अंतर संस्कृत व्याकरण में आता है। मूल रूप से, "महत" बीज शब्द है। हालाँकि, जब "महत" का उपयोग वाक्य के विषय (क्रिया करने वाली चीज़) के रूप में किया जाता है, तो यह अपना

रूप बदलकर "महान" कर लेता है। इसे इस तरह से समझें कि वाक्य में "मैं" का उपयोग कैसे किया जाता है, इसके आधार पर "मुझे" में कैसे बदल जाता है। यही कारण है कि आपको संस्कृत शब्दकोश में "महान" नहीं मिलेगा, भले ही यह एक आमतौर पर इस्तेमाल किया जाने वाला शब्द है। यह "महत" का एक अलग रूप है। यही विचार हनुमान जी के नाम पर भी लागू होता है। व्याकरण की दृष्टि से सही, मूल शब्द वास्तव में "हनुमत" है। हालाँकि, जब "हनुमत" वाक्य का कर्ता होता है, तो यह "हनुमान" बन जाता है।

अब हम इस भेद को भी देखते हैं कि हनुमान में 'हनु' की भूमिका क्या है? इसकी कोई कहानी है क्या? "हनु" शब्द का अर्थ है "जबड़ा।" जबकि हर किसी के पास जबड़ा होता है, हनुमान का जबड़ा किसी तरह से खास रहा होगा, तभी उसका नाम उसके नाम पर रखा गया। बचपन में भूखे हनुमान ने उगते सूरज को फल समझकर उसे छीनने की कोशिश की। इससे इंद्र क्रोधित हो गए, जिन्होंने हनुमान पर अपने वज्र से प्रहार किया, जिससे हनुमान का जबड़ा टूट गया। यह घटना उनके नाम की व्याख्या करती है, जो किसी ऐसे व्यक्ति को दर्शाता है जिसका जबड़ा अनोखा या विकृत हो।

कहा जाता है कि बचपन में विभिन्न देवताओं ने हनुमान को ऐसी शक्तियाँ दी थीं, जिन्हें वे केवल वयस्क होने पर ही याद कर पाने वाले थे। प्रसिद्ध हिंदू ग्रंथों के अलावा, हनुमान के बारे में कहानियाँ जातक कथाओं और जैन ग्रंथों में भी मिलती हैं। उनका प्रभाव दक्षिण-पूर्व एशिया, विशेष रूप से इंडोनेशिया मलेशिया तक फैला हुआ है, जहाँ उन्हें अक्सर प्रदर्शनों और भित्ति चित्रों में एक सफ़ेद वानर राज के रूप में दर्शाया जाता है। कुछ लोग तो यह भी मानते हैं कि अंडमान द्वीप का नाम उनके नाम पर रखा गया है। इसके अलावा, चीनी किंवदंतियों में बौद्ध भिक्षु ज़ुआनज़ांग के साथ आने वाले वानर राज राजा का चरित्र स्पष्ट रूप से हनुमान से प्रेरित था।

राक्षस राजा रावण और उसके भाई पूरे ब्रह्मांड में अराजकता फैला रहे थे, देवताओं को उखाड़ फेंक रहे थे और बुद्धिमान ऋषियों को परेशान कर रहे थे। पृथ्वी, उनके अत्याचार को और अधिक सहन करने में असमर्थ थी, इसलिए उसने सृष्टिकर्ता ब्रह्मा से मदद की गुहार लगाई। ब्रह्मा ने रावण के सीमित अमरता के वरदान में एक महत्वपूर्ण कमजोरी का खुलासा किया: उसे कोई सामान्य मानव नहीं मार सकता था। तब ब्रह्मा ने भविष्यवाणी की कि संरक्षक देवता विष्णु, मानव राजकुमार राम के रूप में जन्म लेंगे, जो अंततः रावण को हरा देंगे। इस महान कार्य में राम की सहायता करने के लिए, ब्रह्मा ने अन्य देवताओं को दक्षिणी पहाड़ों पर उतरने और वानर -योद्धाओं के रूप में जन्म लेने का आदेश दिया। इस तरह हनुमान अस्तित्व में आए।

हनुमान कोई साधारण शिशु नहीं थे। वे अपने रोएँदार, भूरे शरीर पर पहले से ही अलौकिक आभूषणों के साथ पैदा हुए थे। इनमें एक लाल लंगोटी, मुड़ी हुई मुंजा घास से बना एक पवित्र यज्ञोपवीत और योगियों द्वारा पहने जाने वाले भारी सोने और लाल कुंडल शामिल थे। अधिकांश नश्वर लोग इन विशेष कुण्डलों को नहीं देख सकते थे। बाद में, हनुमान की माँ ने उन्हें बताया कि

वे अपने दिव्य गुरु, भगवान विष्णु को मानव रूप में पहचान लेंगे, जो इन अदृश्य आभूषणों को देखने वाले पहले व्यक्ति होंगे। बेशक, यह अंततः राम ही होंगे।

हनुमान कोई साधारण नायक नहीं हैं। उन्हें पवन (वायु) का पुत्र कहा जाता है, जो अद्भुत शक्ति से संपन्न हैं, और उनका हृदय प्रेम और निष्ठा से भरा है - विशेष रूप से भगवान राम के लिए। लेकिन हनुमान के बारे में सबसे रोमांचक बात यह है कि वे कई अलग-अलग लोगों के लिए कई अलग-अलग अर्थ रखते हैं। कुछ लोग उन्हें सबसे शक्तिशाली योद्धा कहते हैं। दूसरे उन्हें सबसे विनम्र भक्त के रूप में देखते हैं। कुछ लोग उन्हें एक आदिवासी देवता के रूप में देखते हैं जो आम लोगों के लिए सहर्ष बोलते हैं - ग्रामीणों, बच्चों और दलित दमित पिछड़े जैसे लोग जिनके साथ हमेशा उचित व्यवहार नहीं किया गया है। वास्तव में, ऐसी कहानियाँ भी हैं जहाँ हनुमान जाति व्यवस्था के औचित्य पर सवाल उठाते हैं, यह दिखाते हैं कि वे सत्य के लिए खड़े होते हैं!

विभिन्न स्थान और काल में, हनुमान की अलग-अलग तरीकों से कल्पना की जाती है। हनुमान चालीसा में, उन्हें पवित्र यज्ञोपवीत पहनने वाला व्यक्ति कहा जाता है - एक प्रतीक जिसे अक्सर पुजारियों, ब्राह्मणों या विद्वानों से जोड़ा जाता है। रामायण के सुंदर कांड में, हनुमान अशोक वन में सीता को ढूंढते हैं। उन्हें एक चुनौती का सामना करना पड़ता है: उन्हें डराए बिना खुद को कैसे प्रकट किया जाए। एक वानर (एक वनवासी, जिसे अक्सर वानर राज के रूप में दर्शाया जाता है) के रूप में, वह जानते हैं कि वे संस्कृत सहित मानव भाषाएँ बोल सकते हैं। हालाँकि, हनुमान को चिंता है कि अगर वह संस्कृत बोलना शुरू कर देते हैं, तो सीता उन्हें रावण समझ सकती हैं और भयभीत हो सकती हैं। उन्हें इस तरह से बोलने की ज़रूरत है जो "अर्थपूर्ण" हो और उन्हें डराए नहीं। यहाँ "संस्कृत" शब्द शायद विशेष रूप से उस प्राचीन भाषा को संदर्भित नहीं करता है जैसा कि हम आज जानते हैं, बल्कि किसी भी "सुसंस्कृत और परिष्कृत" मानव भाषण को संदर्भित करता है। तो, उनका समाधान क्या है? वह चतुराई से एक पेड़ पर बैठ जाते हैं और राम के वीरतापूर्ण कार्यों का वर्णन इतनी धीमी आवाज़ में करना शुरू कर देते हैं कि सीता जी सुन सके, लेकिन इतनी ज़ोर से नहीं कि वह उसकी रखवाली कर रही राक्षसों को सचेत कर दे। इस तरह, सीता बिना चौंके समझ सकती हैं कि वह कौन है।

लेकिन कई गाँवों और लोक कथाओं में, हनुमान एक जंगली और उन्मुक्त वन नायक हैं - मजबूत, हंसमुख और मस्ती से भरे हुए। और अंदाज़ा लगाइए क्या? यही भारतीय पौराणिक कथाओं का जादू है! ये सभी अलग-अलग संस्करण एक साथ रहते हैं - और यह पूरी तरह से ठीक भी लगता है।

***

भारत में पशु-पक्षियों का बहुत सम्मान किया जाता है और उन्हें पवित्र स्थान दिया जाता है। कई देवता सीधे उनसे जुड़े हैं, कई के वाहन हैं वे जैसे गणेश जी का वाहन चूहा है या यहाँ तक

कि उनके पशु रूप भी हैं। उदाहरण के लिए, गणेश का सिर हाथी का है और वे समृद्धि और बुद्धि के देवता हैं। इसी तरह, नरसिंह विष्णु के सिंह-सिर वाले अवतार हैं और हयग्रीव विष्णु के घोड़े के सिर वाले अवतार हैं। ये देवताओं द्वारा पशु रूप धारण करने के स्पष्ट उदाहरण हैं। कैम्ब्रिज में हिंदू अध्ययन के व्याख्याता अंकुर बरुआ ने "नेशनल जियोग्राफ़िक" में प्रकाशित और आरोही शेठ द्वारा लिखे गए एक लेख में बताया है, "देवताओं, जानवरों और मनुष्यों के बीच की सीमाएँ लचीली और तरल हैं। पवित्रता सिर्फ़ मानव रूप में ही नहीं, बल्कि पशु और पौधे के रूपों में, सभी प्रकार के जीवित प्राणियों में भी हो सकती है।" इसका मतलब है कि पवित्रता सिर्फ़ मानव रूपों तक सीमित नहीं है; यह जानवरों, पौधों और सभी अन्य जीवित प्राणियों में पाई जा सकती है। इसलिए वानर शब्द को शब्दशः लेने वाले भी यह मानने में संकोच नहीं करते कि हनुमान जी उस नस्ल के हो सकते हैं। जरा पहले इस शब्द को ही देख लें।

हनुमान वानर जनजाति से संबंधित बताए जाते हैं, या वन + नर, जिसका अर्थ है वनवासी। तुलसीदास के रामचरितमानस में और ऋग्वेद ने X 86 में कपि (वानर राज) के रूप में उन्हें संदर्भित किया गया है – ऋग्वेद में एक दिलचस्प 'संवाद' है जिसमें इंद्र की पत्नी इंद्र से एक निश्चित 'वृषकपि' के बारे में शिकायत करती है जो इंद्र के प्रसाद को चुरा रहा है। भले ही कोई "वानर" को एक पशु रूप के रूप में ले, हनुमान सभी प्रकार के प्राणियों के लिए श्रद्धा का प्रतीक हैं। हनु+मन (Hanu + man) सभी ही+मनुष्यों (He +men) को मिलाकर भी शक्ति में कहीं आगे है।

***

क्या प्राचीन भारतीय आख्यानों में पाए जाने वाले आदर्श व्यक्ति, जैसे हनुमान और रामायण में वर्णित वानर जाति, संभवतः प्रारंभिक होमो सेपियंस और अन्य विशिष्ट मानव प्रजातियों के बीच ऐतिहासिक मुठभेड़ों में निहित हो सकते हैं जो कभी पृथ्वी पर सह-अस्तित्व में थे, न कि केवल कल्पनाशील कहानी कहने के तरीके?

युवल नोआ हरारी द्वारा "सेपियंस: ए ब्रीफ हिस्ट्री ऑफ़ ह्यूमनकाइंड" में प्रस्तुत दृष्टिकोण हनुमान जैसे पौराणिक पात्रों की उत्पत्ति पर विचार करने के लिए एक आकर्षक रूपरेखा प्रदान करता है। हरारी ने बताया है कि होमो सेपियंस महान वानरों के एक बड़े परिवार का हिस्सा हैं, जिसमें चिम्पांजी हमारे सबसे करीबी जीवित रिश्तेदार हैं, जो लगभग छह मिलियन साल पहले एक आम पूर्वज से अलग हो गए थे। यह विकासवादी इतिहास इस तथ्य को रेखांकित करता है कि हमारा वंश इस पैतृक वानरों से उत्पन्न होने वाला एकमात्र वंश नहीं है। वास्तव में, एक महत्वपूर्ण अवधि के लिए, होमो सेपियंस ने अन्य मानव प्रजातियों के साथ ग्रह को साझा किया, जिसमें प्रसिद्ध निएंडरथल और हाल ही में खोजे गए डेनिसोवन शामिल हैं। उनका सुझाव है कि प्राचीन भारतीय महाकाव्यों में वानर जैसे प्राणियों के विशद और अक्सर काल्पनिक वर्णन पूरी तरह से कल्पनाशील रचनाएँ नहीं हो सकती हैं। इसके बजाय, ये कथाएँ प्रारंभिक होमो सेपियंस

और इन अन्य मानव प्रजातियों के बीच बातचीत की एक गहरी अंतर्निहित सांस्कृतिक स्मृति का प्रतिनिधित्व कर सकती हैं - जिसमें संभवतः सहयोग और संघर्ष दोनों शामिल हैं - जिनके पास अलग-अलग शारीरिक विशेषताएँ थीं। "वानर" शब्द, जिसका अक्सर "वानर राज जैसे लोग" के रूप में अनुवाद किया जाता है, हमारे होमो सेपियंस पूर्वजों द्वारा इन अन्य होमिनिन समूहों को देखने के तरीके को दर्शा सकता है, जिन्होंने खुद की तुलना में अधिक स्पष्ट "आदिम" विशेषताओं का प्रदर्शन किया होगा। सहस्राब्दी से चली आ रही मौखिक परंपराएँ, जिन्होंने इन कहानियों को आकार दिया, समय के साथ परिवर्तन और अलंकरण के लिए अतिसंवेदनशील रही होंगी। चूँकि ये कहानियाँ पीढ़ियों से और भौगोलिक सीमाओं के पार प्रागैतिहासिक आबादी के प्रवास के साथ आगे बढ़ीं, इसलिए उनमें विभिन्न समूहों के जीवित अनुभवों और कल्पनाओं के तत्व शामिल हो सकते हैं। मौखिक संचरण की यह प्रक्रिया इन कहानियों की पौराणिक और अक्सर अतिरंजित प्रकृति की व्याख्या कर सकती है, भले ही वे वास्तविक मुठभेड़ों से उत्पन्न हुई हों। इसके अलावा, वह वानर और असुर, दानव, पिशाच और राक्षसों जैसी अन्य पौराणिक जातियों के बीच समानताएँ खींचता है, यह सुझाव देते हुए कि ये भी अलग-अलग मानव प्रजातियों का प्रतिनिधित्व कर सकते हैं। राक्षसों के उन्नत संस्कृतियों और लंका जैसे समृद्ध शहरों के रूप में वर्णन, अलग-अलग सामाजिक संरचनाओं और प्रौद्योगिकियों वाले समूहों के साथ मुठभेड़ों का संकेत देते हैं।

जबकि यह अंश स्पष्ट रूप से इन कहानियों को शाब्दिक ऐतिहासिक सत्य के रूप में व्याख्या करने के खिलाफ चेतावनी देता है, यह प्रस्ताव करता है कि वे "प्रागैतिहासिक स्मृति" के रूप में काम कर सकते हैं, जो औपचारिक भाषाओं और विशिष्ट सांस्कृतिक पहचानों के विकास से पहले के समय की गूँज को संरक्षित करते हैं जैसा कि हम आज जानते हैं। यह विचार कि हमारी "आदर्श चिम्पांजी दादी" को हनुमान की माँ के रूप में याद किया जा सकता है, या निएंडरथल को रावण, कुंभकरण और मेघनाथ जैसे पात्रों द्वारा और डेनिसोवन्स को अन्य पौराणिक पात्रों द्वारा दर्शाया जा सकता है, इन मिथकों की स्थायी प्रकृति को समझने के लिए एक शक्तिशाली लेंस प्रदान करता है।

यह याद रखना महत्वपूर्ण है कि रामायण जैसे महाकाव्यों और हनुमान जैसे पात्रों की हमारी समझ हमारे सामने आए विशिष्ट संस्करणों से आती है। हालाँकि, इन कहानियों के कई अलग-अलग संस्करण विभिन्न ग्रंथों और भाषाओं में मौजूद हैं। उदाहरण के लिए, वाल्मीकि रामायण एकमात्र संस्कृत रामायण नहीं है, और रामायण और महाभारत दोनों के अनगिनत गैर-संस्कृत रूपांतरण हैं।

हनुमान के कई विवरण पुराणों में भी मिल सकते हैं। उदाहरण के लिए, क्या आप महिरावण द्वारा राम और लक्ष्मण को पाताल लोक ले जाने की कहानी जानते हैं, जहां हनुमान उन्हें बचाते हैं? यह नाटकीय प्रकरण एक गैर-संस्कृत रामायण में आता है। इससे भी अधिक आश्चर्यजनक

रूप से, शिव पुराण में हनुमान को स्वयं शिव का अवतार बताया गया है। जबकि हम अक्सर सुनते हैं कि हनुमान अंजना और वायु (पवन देवता) के पुत्र हैं, शिव पुराण एक अलग उत्पत्ति प्रदान करता है। यह बताता है कि कैसे भगवान शिव, विष्णु को मोहिनी के रूप में देखकर उत्तेजित हो गए और उनका वीर्य गिर गया। सप्तऋषियों (सात महान ऋषियों) ने इसे एक पत्ते पर एकत्र किया और शिव के मानसिक आग्रह पर इसे अंजनी के कान में रख दिया, जिससे राम के मिशन में सहायता के लिए हनुमान का जन्म हुआ। दिलचस्प बात यह है कि शिव पुराण में महिरावण की कहानी का भी उल्लेख है। संक्षेप में, हनुमान का व्यक्तित्व पूरी तरह से मनगढ़ंत होने के बजाय, प्रारंभिक होमो सेपियंस और अन्य मानव प्रजातियों के बीच वास्तविक अंतःक्रियाओं का सांस्कृतिक रूप से विकसित और पौराणिक प्रतिनिधित्व हो सकता है। "वानर-जैसी" विशेषताएँ और वानर राज्य की कहानियाँ शायद हमारे पूर्वजों से भिन्न दिखने और व्यवहार करने वाले मानव समूह की दूर की, रूपांतरित स्मृति हो। यह व्याख्या बताती है कि हमारे प्राचीन मिथक अपने भीतर एक गहरा इतिहास समेटे हुए हैं, जो मानव विकास और सह-अस्तित्व की जटिल और परस्पर जुड़ी कहानी को बयां करता है।

***

अतुलितबलधामं हेमशैलाभदेहं दनुजवनकृशानुं ज्ञानिनामग्रगण्यम्।
सकलगुणनिधानं वानराणामधीशं रघुपतिप्रियभक्तं वातजातं नमामि।।

भारत की इस पावन भूमि पर शायद ही कोई कोना, कोई शहर या कोई छोटा गाँव हो जहाँ परम राम भक्त हनुमान जी का कोई छोटा या बड़ा मंदिर या कोई मनमोहक मूर्ति न हो। खासकर कुश्ती के अखाड़ों में, जहाँ उनकी भव्य मूर्ति स्थापित नहीं है, वहाँ भी लोग मिट्टी से उनकी मूर्ति बनाकर श्रद्धापूर्वक उनकी पूजा करते हैं। सच तो यह है कि महावीर हनुमान केवल एक देवता नहीं हैं, बल्कि वे भारत के प्रत्येक व्यक्ति के शरीर, मन और आत्मा में गहराई से समाए हुए हैं। वे हमें हमेशा असीम शक्ति, अटूट भक्ति, निस्वार्थ समर्पण, अथक परिश्रम, बिना किसी छल-कपट के सेवा, देश के लिए महान त्याग और बलिदान जैसी उदात्त भावनाओं से प्रेरित करते हैं। स्वयं भगवान राम के सबसे प्रिय और अनन्य भक्त श्री हनुमान जी का संपूर्ण जीवन एक जगमगाते प्रकाश स्तंभ की तरह है, जो हमें जीवन के हर मोड़ पर सही और कल्याणकारी मार्ग पर चलने के लिए निरंतर मार्गदर्शन करता है।

आपने भगवान राम के अनेक मंदिर देखे होंगे। क्या आपने कभी सोचा है कि राम मंदिर के बाद दूसरा सबसे बड़ा और सबसे महत्वपूर्ण मंदिर कौन सा है? वो है हनुमानगढ़ी का मंदिर। यह मंदिर भगवान हनुमान को समर्पित है और यह अयोध्या में स्थित है, जो भगवान राम की जन्मस्थली है। हनुमानगढ़ी एक बहुत ही प्रसिद्ध और महत्वपूर्ण तीर्थ स्थान है। आपने देश में हनुमान जी के सैकड़ों-हजारों मंदिर देखे होंगे, है ना? लेकिन क्या आपने कभी लव और कुश

का मंदिर देखा है? शायद नहीं। ऐसा इसलिए क्योंकि एक पुत्र उतना महत्वपूर्ण नहीं होता जितना एक शिष्य या एक भक्त होता है। हमारी संस्कृति में जैविक उत्तराधिकार यानी रक्त संबंध के जरिए आगे बढ़ने की परंपरा से आध्यात्मिक उत्तराधिकार अधिक महत्वपूर्ण है। इसीलिए महाभारत में द्रोणाचार्य के पुत्र का स्थान उनके महान शिष्य अर्जुन से अधिक नहीं है। शिष्य एकलव्य को तो सभी जानते हैं लेकिन गुरु द्रोणाचार्य के पुत्र का नाम बहुत कम लोग जानते हैं। शिष्य का स्थान हमेशा ऊंचा माना जाता है। यही वजह है कि हम हर जगह गुरु-शिष्य परंपरा की बात करते हैं, पिता-पुत्र परंपरा की नहीं। आप देखेंगे कि हनुमान जी के मंदिर आपको हर जगह मिल जाएंगे और यह भी संभव है कि उनकी संख्या भगवान राम के मंदिरों से भी ज्यादा हो। ऐसा इसलिए क्योंकि हनुमान जी को भगवान राम का सबसे बड़ा भक्त और सेवक माना जाता है। उनकी भक्ति, समर्पण और शक्ति इतनी महान है कि हर कोई उनकी पूजा करता है और उनसे प्रेरणा लेता है। वे भगवान राम के दूत और उनके सबसे प्रिय साथी थे, इसीलिए उनका महत्व हर जगह दिखाई देता है।

बाल्यकाल से ही ब्रह्मचारी श्री हनुमान जी ने जीवन पर्यन्त ब्रह्मचर्य व्रत का कठोरता से पालन किया तथा वे अद्भुत पराक्रम, अद्वितीय पराक्रम, प्रत्येक कार्य में कुशलता तथा असाधारण बुद्धि जैसे अनगिनत गुणों के सागर हैं। वज्र के समान शरीर के कारण 'वज्रांग' कहलाने वाले हनुमान जी न केवल अत्यंत बलवान एवं पराक्रमी हैं, अपितु वे असाधारण बुद्धिमान, समस्त शास्त्रों के गहन ज्ञाता, उत्कृष्ट राजनीतिज्ञ तथा सादगी की प्रतिमूर्ति भी हैं। उनका जीवन पूर्णतः भगवान श्री राम को समर्पित है, जिससे उनका अपना कोई पृथक अस्तित्व नहीं है। अयोध्या के राजकुमार श्री राम उनके शरीर, मन, आत्मा तथा यहां तक कि उनके रोम-रोम में इस प्रकार विलीन हो गए हैं कि हनुमान जी और श्री राम में कोई अंतर ही नहीं रह गया है। वे पूर्णतः श्री राममय हो गए हैं। उन्होंने स्वयं परम प्रभु श्री राम से विनम्रतापूर्वक निवेदन किया था- 'हे मेरे प्रभु! शरीर की दृष्टि से मैं आपका दास हूं, जीव की दृष्टि से आपका अभिन्न अंग हूं तथा परमसत्य की दृष्टि से आप और मैं वस्तुतः एक ही हैं। यह मेरा दृढ़ एवं निश्चित मत है।'

भक्त-वत्सल श्री हनुमान जी को प्रसन्न करना बहुत आसान है। बस सच्चे मन से 'राम-राम' अथवा 'सीताराम-सीताराम' जपना आरंभ कर दीजिए, फिर देखिए, दयालु श्री राम के वह प्रेमी भक्त तुरंत आपके हृदय में प्रकट हो जाएंगे और अपनी कृपा से आपको प्रसन्न कर लेंगे। दयालु हनुमान जी सदैव इस प्रयत्न में रहते हैं कि किसी भी प्रकार से मनुष्य थोड़ा सा भगवान की ओर मुड़ जाए, ताकि उसे जन्म-मरण के इस दुष्चक्र से मुक्ति मिल जाए। वे चाहते हैं कि प्रत्येक व्यक्ति दया के सागर प्रभु की ओर एक छोटा-सा कदम बढ़ाए, पूर्णतः उनके प्रति समर्पित हो जाए और अपने जीवन को अवश्य ही समृद्ध बनाए। इसीलिए वे सदैव किसी न किसी बहाने हमें प्रेरणा एवं उत्साहवर्धन करते रहते हैं। वे अपने प्रिय भक्तों को अपने प्राणों से भी अधिक प्रेम करते हैं।

सभी प्रकार की विपत्तियों एवं दुर्भाग्यों का नाश करने वाले मंगलमय भक्त शिरोमणि श्री हनुमान जी का पावन चरित्र न केवल परम पवित्र, परम मधुर एवं श्रेष्ठ आदर्श है, अपितु अत्यंत अद्भुत एवं रहस्यमय भी है।

***

अश्वत्थामा बलिर्व्यासो हनुमानश्च विभीषणः
कृपः परशुरामश्च सप्तैते चिरंजीविनः
सप्तैतान संस्मरेन्नित्यं मार्कण्डेयमथाष्टमम्
जीवेदवर्षशतं सोपि सर्वव्याधिविवर्जितः
—सप्त चिरंजीवी स्तोत्रम्

हनुमान के बारे में हमारी समझ अक्सर उन कहानियों से आती है जो हमने पढ़ी या सुनी हैं। हनुमान को चिरंजीवी के रूप में जाना जाता है, जिसका अर्थ है कि वे असाधारण रूप से लंबे समय तक जीवित रहते हैं - विशेष रूप से, वर्तमान महायुग के अंत तक। महायुग समय का एक विशाल चक्र है जो चार युगों से बना है: सत्य (कृत) युग, त्रेता युग, द्वापर युग और कलियुग। चिरंजीवियों की विभिन्न सूचियाँ हैं, लेकिन हनुमान को लगातार शामिल किया गया है। अन्य सामान्य चिरंजीवी अश्वत्थामा, बलि, वेदव्यास, विभीषण, कृपाचार्य और परशुराम हैं। कुछ सूचियों में ऋषि मार्कंडेय का भी उल्लेख है। हनुमान एक अद्वितीय व्यक्ति हैं क्योंकि वे रामायण और महाभारत दोनों में दिखाई देते हैं। रामायण की घटनाएँ त्रेता युग में हुईं, जबकि महाभारत की घटनाएँ द्वापर युग में हुईं। चूंकि चिरंजीवी इतने लंबे समय तक जीवित रहते हैं, इसलिए यह समझ में आता है कि वे कई युगों और महाकाव्यों में मौजूद हो सकते हैं। जबकि शिव एक और चरित्र है जो दोनों में दिखाई देता है भारतीय पौराणिक कथाओं के विशाल परिदृश्य में, एक व्यक्ति अटूट भक्ति, बेजोड़ शक्ति और अप्रतिरोध्य आकर्षण के साथ कहानियों और समय से ऊपर उठता है - हनुमान, पवन के प्रिय पुत्र। पूरे भारत में हर मंगलवार को गहरी श्रद्धा के साथ पूजे जाने वाले, उनके नाम से ही डर दूर होता है, बुराई दूर होती है और जीवन की बाधाएं दूर होती हैं। लेकिन हनुमान सिर्फ प्राचीन ग्रंथों के एक पात्र से कहीं अधिक हैं - वे भारत की सामूहिक चेतना में एक जीवित, सांस लेने वाली शक्ति हैं। जबकि पुराण और ऐतिहासिक कथाएँ उनकी महानता की जड़ों का पता लगाने का प्रयास करती हैं - उन्हें शिव, रुद्र या वैदिक मरुतों से जोड़ती हैं - सच्चाई यह है कि उनका कद लंबे समय से विद्वानों की सीमाओं को पार कर चुका है। मारुता वायु, पवन देवता का दूसरा नाम है। इसलिए, जब हम हनुमान को "मारुति" कहते हैं, तो हम वास्तव में उन्हें पवन देवता का पुत्र कह रहे होते हैं। यह उन्हें मारुतों से भी सूक्ष्म रूप से जोड़ता है, जो अक्सर वायु से जुड़े तूफान देवताओं का एक समूह है। भक्त उन्हें जटिल शास्त्रों के माध्यम से नहीं बल्कि विश्वास, अनुभव और प्रेम के माध्यम से जानते हैं। सीता की खोज में समुद्र पार करने से लेकर

लक्ष्मण को बचाने के लिए पूरा पहाड़ उठाने तक, हनुमान के वीरतापूर्ण कार्य हर दिल में बसे हैं, हर गांव में गाए जाते हैं और हर मंदिर में उनकी पूजा की जाती है। उनकी प्रसिद्धि भारतीय सीमाओं से भी आगे तक जाती है, जहाँ उनकी किंवदंती की गूँज पूरे दक्षिण-पूर्व एशिया में पाई जा सकती है। नोबेल पुरस्कार विजेताओं जैसे आधुनिक दिमाग भी उनकी स्थायी उपस्थिति की ओर आकर्षित होते हैं, जयपुर के पास शांत मंदिरों में "वानर व्याकरणविद" से मिलते हैं। नीम करौली बाबा के मंदिर में जुकरबर्ग और स्टीव जॉब आदि अपनी श्रद्धा अर्पित करते हैं। हनुमान किसी एक कहानी या छवि तक सीमित नहीं हैं - वे सेवा, भक्ति और आध्यात्मिक शक्ति के प्रतीक हैं, जो उन्हें न केवल एक धार्मिक प्रतीक बनाते हैं, बल्कि भारत की सांस्कृतिक यात्रा में एक सभ्यतागत मील का पत्थर बनाते हैं। भारत के हृदय में, जीवंत रंगों और प्राचीन ज्ञान की भूमि के बीच, लाखों लोगों द्वारा पूजे जाने वाले देवता की कहानी गूंजती है: भगवान हनुमान। वे केवल एक देवता नहीं हैं; वे अटूट भक्ति, अविश्वसनीय शक्ति और असीम ऊर्जा के प्रतीक हैं। जो लोग हनुमान को टीवी पर देखते हैं। वे एक मांसल, उड़ने वाला "मानव-वानर" है जो समुद्र के ऊपर उड़ते हुए पहाड़ों को उठा सकता है और राक्षसों से लड़ सकता है। कई युवा दिमागों के लिए, वह एक उद्दंड वानर हैं।

हनुमान की कहानी हिंदू पौराणिक कथाओं के ताने-बाने में बुनी हुई है। उन्हें कई नामों से जाना जाता है, जिनमें से प्रत्येक में उनकी किंवदंती का एक अंश है। पवन-पुत्र और वायु-पुत्र, दोनों का अर्थ है "पवन का पुत्र", पवन, वायु देवता द्वारा उनके जन्म में निभाई गई महत्वपूर्ण भूमिका को दर्शाता है। वह "संकट मोचन" है। को नहीं जानत है जग में कि आपका नाम संकट मोचन है? कुछ लोग कहते हैं कि वह भगवान शिव का अवतार हैं, जो विध्वंसक और परिवर्तनकर्ता हैं, जबकि अन्य लोग उसे वायु की अपनी शक्ति का प्रकटीकरण मानते हैं। सच, शायद, दोनों का एक सुंदर मिश्रण है, जो उनकी दिव्य उत्पत्ति का प्रमाण है।

हनुमान के बारे में एक आकर्षक वैदिक मान्यता है: ऐसा कहा जाता है कि सभी ग्रह उनके नियंत्रण में हैं। यह उनकी अपार शक्ति और प्रभाव को दर्शाता है, एक ऐसी शक्ति जो आज भी उनकी पूजा के लिए समर्पित अनगिनत मंदिरों में गूंजती है। इनमें से किसी भी पवित्र स्थान पर कदम रखें, और आपको हनुमान की मूर्तियाँ पवित्र सिंदूर से लिपटी हुई मिलेंगी, एक चटक लाल रंग जो उनके प्रति गहरी श्रद्धा को दर्शाता है। यह सिंदूर उनके एक अन्य प्रसिद्ध नाम से भी जुड़ा है: बजरंग बली जिसका अर्थ है "मजबूत वज्र।" यह नाम "वज्र" शब्द से आया है, जिसका दोहरा अर्थ है: यह वज्र (एक शक्तिशाली हथियार) और हीरे (कुछ अविश्वसनीय रूप से कठोर और अटूट) को भी संदर्भित करता है। हनुमान को "वज्र" के रूप में जाना जाता है क्योंकि वे एक शक्तिशाली गदा (एक भारी आयुध) चलाते हैं और बहुत अधिक, वज्र शक्ति के साथ प्रहार करते हैं। लेकिन उनके नाम का "वज्र" भाग उनके अडिग स्वभाव को भी दर्शाता है। वे हीरे की तरह अविनाशी हैं। हम इसे रामायण की कहानी में स्पष्ट रूप से देखते हैं। जब रावण के

अत्याचारियों ने-उसकी सेना के जवानों ने - हनुमान की आत्मा को तोड़ने की कोशिश की, तो उन्होंने उन्हें पकड़-पकड़ मार डाला। रावण के आदेश पर उनकी पूँछ में आग लगने से उन्हें कोई नुकसान नहीं हुआ। इसके बजाय, हनुमान ने अपनी दृढ़ इच्छाशक्ति से आसानी से खुद को मुक्त कर लिया। इसके बाद उन्होंने अपनी जलती हुई पूंछ का इस्तेमाल करके रावण की राजधानी लंका को जला दिया, वह भी बिना किसी परेशानी के। इस घटना ने शैव परंपरा के एक बुद्धिमान व्यक्ति नंदी की भविष्यवाणी को भी आंशिक रूप से पूरा किया, जिन्होंने रावण को श्राप दिया था कि उसका राज्य बंदरों या वानरों द्वारा नष्ट कर दिया जाएगा।

और वे बहुत शक्तिशाली थे! हनुमान को अविश्वसनीय शक्ति प्राप्त थी, एक ऐसी शक्ति जो केवल अपनी इच्छानुसार अपना रूप बदलने और लंबी दूरी तक उड़ने की उनकी क्षमता से मेल खाती थी। लेकिन वे केवल एक शक्तिशाली व्यक्ति ही नहीं थे; वे अविश्वसनीय रूप से बुद्धिमान भी थे। वे एक आदर्श व्याकरणविद, एक महान विद्वान और सभी विज्ञानों के स्वामी थे। मांसपेशियों और दिमाग के इस संयोजन ने उसे वास्तव में एक अद्वितीय और दुर्जेय व्यक्ति बना दिया। हनुमान की कथा भगवान राम की महाकाव्य कथा रामायण में अमर है। इस कहानी में, हनुमान केवल एक सहायक पात्र नहीं हैं; वह सबसे महत्वपूर्ण व्यक्तित्वों में से एक हैं। वह भगवान राम के समर्पित सहयोगी हैं, जो वफादारी और सेवा के प्रतीक हैं। जब राक्षस राजा रावण ने क्रूर विश्वासघात करते हुए राम की पत्नी सीता का अपहरण किया और उन्हें लंका में अपने राज्य में ले गया, तो हनुमान ही राम के सबसे भरोसेमंद सेनापति बन गए। उस दृश्य की कल्पना करें: एक दुखी राजा राम, अपनी प्रिय सीता को खोजने के लिए बेताब थे। वह निर्वासित वानरों के राजा सुग्रीव के साथ गठबंधन बनाता है और हनुमान ही उनके बीच सेतु बनते हैं। अपनी बेजोड़ शक्ति और बुद्धिमत्ता के साथ, हनुमान शक्तिशाली वानरों की सेना का नेतृत्व करते हुए समुद्र पार लंका पहुँचते हैं। वह अनगिनत चुनौतियों का सामना करते हैं, भयंकर राक्षसों से लड़ते हैं और असंभव प्रतीत होने वाली बाधाओं को पार करते हैं, यह सब राम के प्रति उनकी अटूट भक्ति से प्रेरित है।

रामायण में सबसे प्रतिष्ठित क्षणों में से एक हनुमान का समुद्र पार लंका पहुँचना है। यह उपलब्धि, उनकी असीम शक्ति और दृढ़ संकल्प का प्रमाण है, जिसे आज भी मनाया जाता है। वह गति और शक्ति के धुंधलेपन के साथ, सीता के लिए आशा के संकेत के रूप में राम की अंगूठी लेकर आकाश में उड़ते हैं।

लंका में, हनुमान की बुद्धि और साहस चमकते हैं। वह रावण के राज्य में घुसपैठ करते हैं, अशोक वाटिका उद्यान में सीता को ढूंढते हैं और सीता माता को राम का संदेश देते हैं और आशा और भरोसा रखने का संदेश देते हैं। वह स्वयं रावण का सामना भी करते हैं, ऐसी बुद्धि और शक्ति का प्रदर्शन करते हैं जो राक्षस राजा का सम्मान (और भय) अर्जित करती है।

'रामायण' ग्रंथ हनुमान की बहादुरी और भक्ति की कहानियों से भरा पड़ा है। घायल लक्ष्मण

को बचाने के लिए संजीवनी बूटी से भरा पूरा पहाड़ उठाने से लेकर रावण के खिलाफ अंतिम युद्ध में उनकी महत्वपूर्ण भूमिका तक, हनुमान के कार्य लाखों लोगों के दिलों में अंकित हैं।

लेकिन उनकी ताकत और वीरता से परे, हनुमान का सबसे स्थायी गुण उनकी भक्ति है, भगवान राम के प्रति उनकी अटूट भक्ति। वे आदर्श भक्त के प्रतीक हैं, निस्वार्थ सेवा और बिना शर्त प्यार के प्रतीक हैं। उनका जीवन विश्वास की शक्ति और विनम्रता के महत्व का प्रमाण है। अपनी सभी अविश्वसनीय क्षमताओं के बावजूद, उन्होंने कभी भी अपने लिए महिमा और बड़ाई की तलाश नहीं की; उनका हर कार्य राम को समर्पित है।

हनुमान सिर्फ कहानियों के एक पात्र से कहीं अधिक हैं; वे कई लोगों की मान्यताओं में एक महत्वपूर्ण व्यक्ति हैं। कई लोगों के लिए, विशेष रूप से भारत के कुछ हिस्सों में, तुलसीदास और उनकी हनुमान चालीसा इन मान्यताओं को आकार देने में अविश्वसनीय रूप से महत्वपूर्ण रहे हैं।

लाल देह लाली लसे, अरु धरि लाल लंगूर
वज्र देह दानव दलन, जय जय जय कपि सूर

हनुमान चालीसा का अनुवाद करने वाले विक्रम सेठ ने हाल ही में एक साक्षात्कार में कहा है, "कई अन्य लोग हनुमान जी और कुछ हद तक गणेश जी को भी प्राकृतिक देवताओं से परे, मानवरूपी देवताओं के रूप में देखते हैं, जो अधिक सुलभ हैं, शायद अधिक मानवीय हैं। इसलिए वे हनुमान या गणेश को ऐसे व्यक्ति के रूप में देखते हैं जो उनके लिए अधिक सुलभ हैं, कम भयावह हैं।" हनुमान भक्ति और शक्ति का सही मिश्रण हैं। उनकी भक्ति शुद्ध और अटूट है, राम और सीता उनके हृदय में निवास करते हैं। इस तरह की शुद्ध भक्ति को प्राप्त करना चुनौतीपूर्ण है, चाहे आप किसी भी देवता की पूजा करें, लेकिन आध्यात्मिक प्रयासों में सफलता के लिए इसे आवश्यक माना जाता है। हनुमान चालीसा और रामचरितमानस जैसी रचनाओं को प्रेरित करने वाली गहरी भक्ति वास्तव में बहुत बड़ी है। अर्थ की कई परतों के साथ हनुमान चालीसा को लगातार सुनाया और गाया जाता है। इसका अंतिम दोहा खूबसूरती से इसके सार को सारांशित करता है:

पवन तनय संकट हरन, मंगल मूरति रूप।
राम लखन सीता सहित, हृदय बसहु सुर भूप॥

ऐसा माना जाता है कि जिनके पास ऐसी भक्ति होती है, वे वास्तव में धन्य होते हैं।

***

हनुमान की अनेक कथाएँ: वानर से चिरंजीवी तक

बहुत समय पहले की बात है, जब यह संसार युवा था और देवता मनुष्यों के बीच विचरण करते थे, एक नटखट बालक ने आकाश की ओर छलांग लगाई। उसे लगा कि सूर्य एक पका

आम है। यह साधारण बालक नहीं था—यह था हनुमान, वानर योद्धा, जिसकी यह उड़ान बाद में भक्ति और वीरता का प्रतीक बन गई। हनुमान का नाम कैसे पड़ा? एक कथा कहती है कि इंद्र ने बालक को वज्र से मारा और उसका जबड़ा (संस्कृत में हन्) घायल हो गया। तभी से उसका नाम पड़ा—हनुमान यानी "जिसका जबड़ा विशेष या विकृत हो गया हो।" कुछ मानते हैं कि हनुमान का अर्थ है "जिसका अहंकार नष्ट हुआ हो"। कुछ जैन ग्रंथों में कहा गया है कि वह हनुरुहा द्वीप पर पैदा हुए, जिससे उनका नाम पड़ा। हनुमान का एक नाम नहीं, कई नाम हैं—अंजनेया (अंजना का पुत्र), केसरी नंदन, पवनपुत्र, बजरंग बली, मारुति। हर नाम उनके अलग-अलग रूप और महिमा को दर्शाता है। उनके नाम और कथाएँ भारत से लेकर इंडोनेशिया तक फैली हैं।

वाल्मीकि रामायण में श्रीराम हनुमान को विद्वान, वेदों का ज्ञाता, और कुशल वक्ता कहते हैं। उनकी उत्पत्ति भी सामान्य नहीं थी। जब राजा दशरथ ने पुत्र प्राप्ति के लिए यज्ञ किया, तब एक दिव्य खीर प्राप्त हुई। वह खीर वायु देव के माध्यम से अंजना तक पहुँची, जो शिव की तपस्या कर रही थीं। उसी खीर के प्रभाव से हनुमान का जन्म हुआ। बाल्यावस्था में हनुमान बहुत शरारती थे। वे ऋषियों की तपस्या में विघ्न डालते थे। ऋषियों ने उन्हें एक कोमल श्राप दिया—वो अपनी शक्तियाँ भूल जाएँगे, जब तक कोई उन्हें याद न दिलाए। यह याद उन्हें जामवंत ने दिलाई, और फिर हनुमान ने समुद्र लांघा, सीता को खोजा, लंका जलाई, संजीवनी लाकर लक्ष्मण को बचाया। एक कथा में वे पाँच मुख वाला रूप धारण करते हैं और अहिरावण जैसे राक्षस का अंत करते हैं। एक और कथा में उनका स्वेद (पसीने) समुद्र में गिरता है जिससे मकरध्वज नामक पुत्र जन्म लेता है। हनुमान सूर्य को भी रोक लेते हैं ताकि लक्ष्मण की जान बच सके। लेकिन सबसे भावुक क्षण वह था, जब सीता ने उन्हें एक सुंदर हार दिया। हनुमान ने उसे तोड़कर देखा कि उसमें राम-सीता हैं या नहीं। लोगों ने मज़ाक उड़ाया, तब उन्होंने अपना सीना फाड़कर दिखाया—राम और सीता उनके हृदय में बसते थे। जब राम स्वर्ग जाने लगे, हनुमान ने पृथ्वी पर रुकने की इच्छा व्यक्त की, ताकि वे राम के नाम का जप सुनते रहें। उन्हें चिरंजीवी का वरदान मिला। आज भी हर गाँव-शहर में उनके मंदिर हैं, क्योंकि वे हमारे बीच जीवित हैं।

हनुमान केवल एक देवता नहीं हैं—वे एक कथा हैं, जो शक्ति, भक्ति और विनम्रता का पाठ पढ़ाते हैं। वे हमें सिखाते हैं कि सच्चा बल मन, बुद्धि और प्रेम में होता है, केवल मांसपेशियों में नहीं। और इसलिए, हनुमान जी की कहानी युगों-युगों से गूंजती आ रही है। वह सिर्फ एक देवता नहीं हैं; वह एक मित्र, एक रक्षक और एक प्रेरणा हैं। वह हमें याद दिलाते हैं कि साहस, भक्ति और थोड़ी सी दिव्य शक्ति के साथ, कुछ भी संभव है। उनकी कहानी हिंदू धर्म की समृद्ध टेपेस्ट्री में एक जीवंत धागा है, एक ऐसी कहानी जो मोहित करती है और प्रेरित करती है, एक ऐसी कहानी जो आने वाली पीढ़ियों को सुनाई जाएगी।

दक्षिण एशियाई पौराणिक कथाओं के विशाल और जटिल टेपेस्ट्री में, कुछ ही व्यक्ति हनुमान, वानर राज भगवान की तरह दिव्यता, भक्ति और साहस के अभिसरण को मूर्त रूप देते

हैं। भारतीय उपमहाद्वीप में पूजे जाने वाले और उससे परे के क्षेत्रों में मनाए जाने वाले हनुमान की कहानियाँ लाखों लोगों की मौखिक और साहित्यिक परंपराओं में व्याप्त हैं, जो लौकिक, भाषाई और क्षेत्रीय सीमाओं को पार करती हैं। उनका व्यक्तित्व - फुर्तीला, उग्र और अडिग वफ़ादार - न केवल रामायण के पौराणिक प्रसंग की तरह महासागरों को पार करता है, बल्कि सदियों की कहानी कहने, अनुकूलन और पूजा के माध्यम से भी आगे बढ़ता है।

यह पुस्तक हनुमान की असंख्य कहानियों के माध्यम से एक यात्रा है, जो उनके मूल स्थान पर प्रकट होती हैं - मध्य भारत के घने जंगलों से, महाकाव्य यादों की सरसराहट से फुसफुसाते हुए, तमिलनाडु के मंदिर के शिखरों तक जो भक्ति भजनों से गूंजते हैं; महाराष्ट्र के हलचल भरे त्योहारों से लेकर हिमालय की पर्वतीय गुफाओं तक, जिनके बारे में कहा जाता है कि वे वानर योद्धा के पदचिह्नों को धारण करती हैं। यह केवल मिथक का पुनर्कथन नहीं है, बल्कि इस बात का विद्वत्तापूर्ण अन्वेषण है कि कैसे हनुमान की कहानियों ने स्थानीय संस्कृतियों में जड़ें जमा ली हैं, स्थानीय रूपों में अपनाई हैं, और शक्ति, विनम्रता, प्रतिरोध और सुरक्षा के प्रतीक बन गई हैं। वाल्मीकि रामायण और तुलसीदास के रामचरितमानस जैसे शास्त्रीय संस्कृत महाकाव्यों के साथ-साथ क्षेत्रीय रूपों, लोकगीतों और मंदिर प्रतिमाओं से प्रेरणा लेते हुए, यह खंड हनुमान के दिव्य दूत और भक्त से लेकर अखिल भारतीय लोक नायक और आध्यात्मिक आदर्श तक के विकास का पता लगाता है। हम देखेंगे कि कैसे उन्हें महाराष्ट्र में मारुति के रूप में, तमिलनाडु में अंजनेयर के रूप में, हिंदी पट्टी में बजरंगबली के रूप में पूजा जाता है - प्रत्येक अवतार उन समुदायों की नैतिक, सांस्कृतिक और धार्मिक प्राथमिकताओं को दर्शाता है जिन्होंने उन्हें आकार दिया। भगवान और सेवक, योद्धा और तपस्वी, हनुमान एक विरोधाभासी लेकिन एकीकृत व्यक्तित्व प्रस्तुत करते हैं जिनकी कहानियाँ गाँव के चौराहों, विद्वानों के प्रवचनों, कॉमिक पुस्तकों, फिल्मों और मोबाइल ऐप में उत्साह के साथ सुनाई जाती हैं। उनकी कहानी हमेशा जीवंत है, हर पीढ़ी में नए सिरे से साँस लेती है जो उनमें गर्व के बिना साहस, हिंसा के बिना शक्ति और बिना किसी हिचकिचाहट के विश्वास के आदर्शों की तलाश करती है। यह पुस्तक न केवल हनुमान की चिरस्थायी कहानियों का वृत्तांत प्रस्तुत करती है, बल्कि उनके अर्थों को समझने, उनकी यात्राओं का पता लगाने और दक्षिण एशिया के आध्यात्मिक और सामाजिक-राजनीतिक परिदृश्य में उनके स्थान को समझने का भी प्रयास करती है। क्योंकि वानर राज भगवान की कहानी में न केवल एक प्राचीन महाकाव्य की स्मृति निहित है, बल्कि एक सभ्यता की आशाओं, भय, मूल्यों और दृष्टि की चल रही कहानी भी है।

वानर राज भगवान (हनुमान एक्रॉस द वर्ल्ड) हनुमान पुस्तक के केंद्र में कहानी कहने का एक प्रारूप है जो जितना अंतरंग है उतना ही कालातीत भी है। एक सौम्य लेकिन गहन अंतर-पीढ़ीगत संवाद के रूप में तैयार की गई यह कहानी एम्स्टर्डम में अपने छोटे पोते आर्यव से मिलने आए एक बुद्धिमान दादा की आवाज़ के माध्यम से सामने आती है। प्रत्येक रात, जब

अनेक छायाएँ बालक के बेडरूम की दीवारों पर टिमटिमाती हैं, तो दादाजी उसके साथ हनुमान की विस्मयकारी कहानियाँ साझा करते हैं - असंभव छलांग, अडिग निष्ठा और अंधेरे से निडर टकराव की कहानियाँ।

इन कहानियों के माध्यम से, आर्यव धीरे-धीरे छाया के अपने डर को दूर करना शुरू कर देता है, हनुमान के साहस में अपनी खुद की आंतरिक शक्ति का दर्पण पाता है। यह कथात्मक ढांचा न केवल पाठकों के रोजमर्रा के जीवन में मिथक लाता है, बल्कि महाद्वीपों और पीढ़ियों के बीच सेतु का काम भी करता है, जिससे यह पुस्तक युवा पाठकों, माता-पिता और बड़ों के साथ समान रूप से जुड़ती है। यह सभी आयु समूहों को आश्चर्य और परिवर्तन के एक साझा स्थान पर आमंत्रित करता है - जहाँ कहानी सुनाना एक सांस्कृतिक विरासत और सशक्तिकरण का एक शांत कार्य दोनों बन जाता है।

तो, चाहे आप हनुमान की एक शक्तिशाली योद्धा, एक चंचल वानर राज, एक बुद्धिमान शिक्षक या एक प्यारे दोस्त के रूप में कल्पना करें - वह अभी भी वही प्रिय नायक है जो आसमान में छलांग लगाता है, बुराई से लड़ता है, और हमें विश्वास दिलाता है कि साहस, दयालुता और वफादारी सभी की सबसे बड़ी महाशक्तियाँ हैं।

हनुमान की दुनिया में झूमने के लिए तैयार हो जाइए - एक ऐसा देवता जो गरज की तरह दहाड़ता है और एक बच्चे के दिल से बच्चों को प्यार भी करता है!

अनुक्रम

1

पवन-कुमार:तुम रक्षक काहू को डरना

जिस रात छाया के दाँत निकले, आर्यव ने मन में ठान लिया कि वह फिर कभी नहीं सोएगा। बुकशेल्फ़ के पीछे एक लंबी, पतली छाया थी, किसी भूली हुई मकड़ी-सी जिसकी कोहनियाँ बहुत नुकीली थीं। खिड़की के पास एक और छाया थी, जो बिना हवा के भी रह-रह कर हिल रही थी। और सबसे डरावनी छाया? वह जो छत से चिपकी हुई थी, किसी ज़िद्दी धब्बे-सी, बस टपक-टपक कर नीचे गिरने का इंतज़ार कर रही थी। जब भी वह अपनी आँखें बंद करता, ये छायाएँ उसके सामने आ जातीं।

आर्यव ने सिर पर कंबल खींचा और अपनी टॉर्च से फुसफुसाया, "इन्हें मुझे खाने मत देना।" स्वाभाविक रूप से, टॉर्च ने जवाब नहीं दिया।

तभी, अतिथि कक्ष से एक पुराने लकड़ी के बिस्तर की हल्की चरमराहट सुनाई दी, फिर एक दबी हुई छींक जो संदिग्ध रूप से बाघ की जम्हाई-सी लगी, और फिर – धप-धप – दादाजी कमरे में आ गए।

दादाजी दूसरे दादाजी की तरह नहीं चलते थे। वे दृढ़ विचारों वाले हाथी की तरह पैर पटकते थे। उनकी मूँछें ऐसी लगती थीं मानो उन्होंने तूफानों से लड़ाई जीतकर उन्हें पाला हो। उनका सफ़ेद कुर्ता अंधेरे में हल्का-हल्का चमक रहा था, मानो उसने भारतीय सूरज को याद कर लिया हो और नीदरलैंड की ठंड में भी उसे भूलने से इनकार कर रहा हो।

उन्होंने चमकती आँखों से आर्यव को देखा और कहा, "अभी भी जाग रहे हो, बेटा?"

"मुझे नींद नहीं आ रही है," आर्यव ने हिम्मत से कहा, हालाँकि उसके हाथ कंबल के किनारे पर कसकर जकड़े हुए थे। "छायाएँ... हरकतें कर रही हैं।"

"आह," दादाजी ने सिर हिलाया जैसे कि छायाएँ हर समय घरों में शरारती बिल्लियों की तरह घूमती हों। "तो मैं ठीक समय पर आ गया। मैं अपने साथ किसी को लाया हूँ।"

आर्यव सशंकित होकर उठ बैठा। "आप कोई राक्षस लेकर आए हो?"

दादाजी हँसे, ऐसी हँसी जिसने डर को कमरे के कोनों में भगा दिया। "राक्षस नहीं। मैं नन्हा वानर लाया हूँ। लेकिन कोई मामूली बंदर नहीं। मंकी गॉड! तूफ़ान लाने वाला। दानवों को कुचलने वाला। सूरज को मुँह में दबाकर भाग जाने वाला।"

"क्या?" आर्यव ने पलकें झपकाईं।

"हनुमान जी," दादाजी ने गर्व से कहा। "वह जो सबसे काली छाया को भी अपनी माँ की याद दिला दे और उसे रोते हुए भगा सकता है। मुझे लगता है अब समय आ गया है कि तुम उनकी कहानियाँ सुनो।"

"लेकिन मुझे हिंदी समझ में नहीं आती," आर्यव ने थोड़ा शर्मिंदा होते हुए कहा।

"तो फिर जादू से काम चला लेंगे, हम्म?" दादाजी ने कहा। "आज रात, मैं इसे उस भाषा में सुनाऊँगा जिसे तुम्हारा दिल समझता है। लेकिन एक दिन, मैं तुम्हें वे शब्द भी सिखाऊँगा जो तुम्हारे पूर्वज इस्तेमाल करते थे। प्रॉमिस?"

आर्यव ने सिर हिलाया। बाहर, हवा शांत हो गई। छायाएँ स्थिर रहीं। कमरे के कोनों में दुबकी छायाएँ... शायद वे भी सुन रही थीं।

2

जन्म और बाल लीला: अंजनी पुत्र पवन सुत नामा

दादाजी पोते के पास आकर बैठ गए, सिम्फनी शुरू करने वाले उस्ताद की तरह अपना गला साफ किया, और बोले:

"एक बार की बात है, एक जंगल में जो इतना जंगली था कि उसके सामने डच जंगल अच्छी तरह से सँवारे गए बगीचों जैसे लगते थे, एक वानर बालक पैदा हुआ। लेकिन वह कोई साधारण वानर नहीं था... वह एक पूँछ के साथ पैदा हुआ था जो रेंगने से पहले ही हिलती थी, कान जो शरारत के करीब होने पर फड़फड़ाते थे, और आँखें जो चमकती थीं जैसे उन्होंने अभी-अभी कुछ शरारत करते हुए बिजली पकड़ ली हो। उनका नाम हनुमान जी रखा गया था। और वह भी काफी बाद में। पवन या वायु के पुत्र होने के कारण उन्हें पवनपुत्र कहते थे। और जिस क्षण इस बालक ने अपना मुँह खोला, उन्होंने दुनिया को दो बातें बहुत स्पष्ट कर दीं:

1. वह बहुत भूखे थे।

2. वह नाश्ते के लिए धैर्यपूर्वक प्रतीक्षा करने में रुचि नहीं रखते थे।

तुम देखो, आर्यव, बाल हनुमान जी एक सामान्य बच्चे की तरह रोए नहीं। अरे नहीं। वह दहाड़ते थे। एक ऐसी दहाड़ जिसने मोरों को ठोकर खाने पर मजबूर कर दिया, आम पेड़ों से गिर गए, और एक बेचारा तोता अपने नाम के शब्द भूल गया। तो स्वाभाविक रूप से, पहली चीज़ जो उन्हें चाहिए थी... वह था कोई फल – आम या आम जैसा फल। लेकिन कोई भी आम नहीं। क्योंकि हनुमान जी, एक बच्चे के रूप में भी, नाटकीयता का स्वभाव लिए थे। उन्होंने आकाश में एक सुंदर, गोल, सुनहरा गोला तैरता हुआ देखा। यह चमक रहा था। यह रसीला दिख रहा था। यह... सूर्य था।

"आहा!" बाल हनुमान जी बच्चे की तरह खुशी से चिल्लाए। "बड़ा आम!"

और इससे पहले कि कोई कह पाता, "बेटा, नहीं!"—पलक झपकते ही वह एक रोएँदार छोटी तोप के गोले की तरह आकाश में उछल गए।

अब, आर्यव, कल्पना करो। डायपर पहने हुए एक बच्चा वानर राज, बादलों के बीच से उड़ता हुआ, सूरज पर "आम!" चिल्लाकर झपट रहा था। पक्षी बिखर गए। बादल छँट गए। एक क्रोधी बूढ़ा ऋषि जो एक पहाड़ पर एक टाँग पर खड़े होकर ध्यान कर रहा था, उसने एक आँख खोली और बुदबुदाया, "अब क्या होगा?"

हनुमान जी को परवाह नहीं थी। उन्होंने अपना मुँह खोलकर सूर्य की ओर हाथ बढ़ाया। और जैसे ही वह एक बड़ा, ज्वलंत निवाला खाने वाले थे – झपट्टा मारने ही वाले थे कि!

देवता घबरा गए। "यह क्या है?" स्वर्ग के राजा इंद्र ने अपने वाहन से नीचे झाँकते हुए पूछा।

अग्नि देवता ने कहा, "एक छोटा वानर सूर्य को खाने की कोशिश कर रहा है।"

"क्या यह... सफल हो रहा है?" इंद्र ने घबराकर पूछा।

"अच्छा, हाँ, सूर्य चिल्ला रहा है," अग्नि ने कहा।

इसलिए इंद्र ने हमेशा की तरह नाटकीय ढंग से हनुमान जी पर अपना आयुध वज्र फेंका। वज्रपात हुआ।

धमाका। शिशु हनुमान जी को चोट लगी, वे धूमकेतु की तरह धरती पर गिरे, धम्म से ज़मीन पर जा गिरे।

"ओह नहीं," सभी देवताओं ने एक साथ कहा।

क्योंकि तुम देखो, आर्यव, हनुमान जी कोई साधारण वानर बालक नहीं थे। वे वायु देवता, पवन के पुत्र थे। और वायु देव इससे खुश होने वाले नहीं थे।

वे तूफान ले आए। क्रोध का तूफान। सचमुच। अपने साथ सारी हवा ले गए। धरती ने साँस लेना बंद कर दिया। लोग हाँफने लगे। फूल मुरझा गए। और देवता घबरा गए।

"माफ़ी माँगो!" एक चिल्लाया।

"कुछ अच्छा करो!" दूसरे ने चिल्लाया।

"शायद... वानर बालक को कुछ वरदान दे दो?" सरस्वती देवी ने सुझाव दिया, जिनके पास हमेशा सबसे अच्छे विचार होते थे।

और उन्होंने ऐसा ही किया। एक-एक करके, देवता चुपचाप उठे और घबराए हुए बच्चों की तरह हनुमान जी को अपना आशीर्वाद देते चले गए।

"आप सबसे शक्तिशाली से भी अधिक शक्तिशाली होंगे!" इंद्र ने कहा।

अग्नि देवता ने आशीर्वाद दिया, "अग्नि से घिरे हुए होने पर आपका बाल भी बांका न होगा।"

"कोई भी छाया आपको नुकसान नहीं पहुँचाएगी," सूर्य देव ने कहा, सूर्य देव, अभी भी अपने काटे हुए कोने को सहलाते हुए खड़े थे। और इसके साथ ही, हनुमान जी ने अपनी पलकें झपकाईं, जम्हाई ली, अपने छोटे से वानर पेट को खुजलाया, और इस बार असली आम चबाने लगे।

"देखो, आर्यव," दादाजी फुसफुसाए, "इस तरह हनुमान जी को अपनी ताकत मिली - न केवल शक्ति से वे संपन्न हुए, बल्कि निडरता से मालामाल भी हुए। वह छाया से नहीं डरते थे, उन्होंने आसमान में सबसे बड़ी छाया जो खा ली थी!"

आर्यव ने कमरे के चारों ओर देखा। छाया अब उसे छोटी लग रही थी। कम दांतेदार और कम भयानक। ज़्यादा से ज़्यादा... दीवार पर टंगी पेंटिंग की तरह। उसने जम्हाई ली।

"क्या आपको लगता है... अगर मैं उन्हें बुलाऊँ तो वह आएँगे?" उसने नींद में पूछा।

दादाजी मुस्कुराए। "केवल अगर तुम उन्हें आम दोगे।"

दादाजी ने आर्यव को बताया था कि हनुमान जी का 'हनु' उनकी ठोड़ी में इंद्र के प्रहार से बना था। बचपन में शरारत का एक निशान दादाजी की नाक पर भी तो था, ठीक उस जगह जहाँ चश्मा टिकाया जाता है।

3

हनुमत बलबीरा: राम काज करिबे को आतुर

अगली रात, आर्यव अपने दादा के कमरे में आने से पहले ही बिस्तर में दुबक गया था। आर्यव ने अपनी भाषा में हनुमान जी को 'एम जी' कहना शुरू कर दिया था। उसकी माँ ने हनुमान जी की एक छोटी-सी प्रतिमा भी मँगवाकर दे दी थी, क्योंकि जब उन्होंने सोशल मीडिया पर देखा कि बराक ओबामा भी 'मंकी गॉड' हनुमान की दिव्य प्रतिमा जेब में रखते हैं, तो उनका 'नानू' क्यों नहीं?

और अब, जब टेबल-लैंप गर्म होकर और अधिक सुनहरा चमक रहा था, और दीवार पर दोस्ताना छायाएँ (अच्छी वाली, न कि आपको निगल जाने वाली) डाल रहा था, आर्यव अपने कंबल के नीचे एक सैनिक की तरह इंतज़ार कर रहा था। वह एक भरवां बाघ को पकड़े हुए था और उसने अभी-अभी बबल गम टूथपेस्ट से अपने दाँत साफ किए थे।

दादाजी ने अपने शॉल को नाटकीय ढंग से हिलाते हुए प्रवेश किया, एक हाथ में एक काल्पनिक शंख और दूसरे हाथ में एक अदृश्य वानर राज का मुकुट था।

"आज रात," उन्होंने घोषणा की, "हनुमान जी कुछ ऐसा करेंगे जो किसी वानर राज—किसी मनुष्य—ने पहले नहीं किया।"

आर्यव ने चौंकते हुए कहा, "वह... वह फिर से सूरज को मुँह में रखने वाले हैं क्या?"

"वह तो उनके बचपन की शरारत थी," दादाजी ने कहा, जो उसके बगल में बैठ गए थे। "बड़े होकर तो उन्होंने एक दोस्त के लिए समुद्र पार करने के लिए छलांग लगाई।" और फिर, उन्होंने आँखों में चमक भरकर, दूर के ढोल की तरह गड़गड़ाती आवाज़ के साथ शुरू किया:

"एक बार की बात है, एक ऐसे वन में जहाँ ऋषि-मुनि दुखी रहते थे और राक्षस दहाड़ते थे, वहाँ राम और लक्ष्मण नाम के दो राजकुमार अपने पिता के कहने पर निवास कर रहे थे। तभी एक राक्षस ने छल से राम की पत्नी सीता का अपहरण कर लिया। यह काम दस सिर वाले राक्षस राजा रावण ने किया। सीता को समुद्र के पार लंका के स्वर्ण नगर में छिपा दिया गया था, राक्षसों

द्वारा संरक्षित और उससे भी अधिक अपनी आशा द्वारा संरक्षित कि राम उनके लिए आएँगे।

राम को यह कैसे पता चलता? वे सीता की खोज में भटके। तभी उन्हें हनुमान जी मिले। उन्होंने सुग्रीव से राम की मित्रता कराई।

वानर राज सेनापति। तूफ़ान को नियंत्रित करने वाले। केले से प्यार करने वाले, पहाड़ उठाने वाले, पूँछ हिलाने वाले, छाया का पीछा करने वाले नायक। हनुमान जी को देवताओं ने शक्तियाँ दी थीं, लेकिन वह भूल गए थे कि वह वास्तव में कितने शक्तिशाली थे—जब तक कि अन्य वानरों के झुंड ने उन्हें याद नहीं दिलाया।

"आप ही ऐसा कर सकते हैं," उन्होंने कहा। "समुद्र पार छलांग लगाएँ। सीता को खोजें। उन्हें राम का संदेश दें।" हनुमान जी गरजती हुई लहरों के सामने खड़े थे, उनका दिल संदेह और कर्तव्य के बीच उलझा हुआ था।

"लेकिन मैं तो सिर्फ़ एक वानर हूँ," उन्होंने अपने कंधे झुकाते हुए कहा। "मैं इस अंतहीन समुद्र को कैसे पार कर सकता हूँ?"

बुद्धिमान भालू-राजा जाम्बवंत आगे बढ़े। "आप सिर्फ़ कुछ नहीं हैं। आप पवनपुत्र हैं। आप अपनी ताक़त भूल गए हैं—यह याद करने का समय है।"

हनुमान जी ने अपनी आँखें बंद कर लीं। उन्हें याद आया कि कैसे उन्होंने एक बार सूरज को आम समझकर निगलने की कोशिश की थी। उन्हें याद आया कि कैसे उनकी माँ अंजना ने उनसे कहा था कि उनका जन्म डर से बढ़कर किसी और चीज़ के लिए हुआ है।

उन्हें राम की आँखों में वह उद्देश्य याद आया जब उन्होंने हनुमान जी को अपनी अंगूठी दी थी—सीता को आशा देने के लिए एक प्रतीक। फिर, उनके अंदर कुछ हलचल हुई। अभिमान नहीं, बल्कि आग। अहंकार नहीं, बल्कि उद्देश्य। वह बड़े हुए। वह इतने लंबे हो गए कि उनका सिर बादलों को छूने लगा। उनके पैरों के नीचे पहाड़ हिलने लगे। लहरें सुनने के लिए रुक गईं। एक ऐसी गर्जना के साथ जो सितारों तक गूँजती थी, हनुमान जी ने अपने घुटने मोड़े—और छलांग लगाई। वह एक धूमकेतु की तरह आकाश में उड़ गए, हवा उनका रथ थी। पक्षी आश्चर्य में बिखर गए। देवता विस्मय में नीचे देखने लगे। और अचानक, हनुमान जी को याद आया।

हवा उनके चारों ओर नाच रही थी। उनका दिल दहल उठा। वह एक चट्टान पर खड़े थे, पैर की उंगलियाँ किनारे को पकड़े हुए थीं, पूंछ को कोड़े की तरह घुमा रही थी, और अपने पिता, वायु से एक छोटी सी प्रार्थना की। फिर—धमाका। छलांग लगा दी।

आर्यव की आँखें चौड़ी हो गईं। "कितनी दूर?"

दादाजी मुस्कुराए। "सौ योजन।"

"क्या यह एक हज़ार फुटबॉल मैदानों के बराबर है?"

"लगभग बीस हज़ार आम के पेड़," दादाजी ने कहा। "वह इतनी तेज़ी से उड़े कि बादल

छँट गए। पक्षी पलकें झपकाने लगे। शार्क ने ऊपर देखा और कहा, "क्या वह उड़ने वाला वानर राज था?"

रास्ते में, हनुमान जी को चुनौतियों का सामना करना पड़ा। पहाड़ों ने उन्हें रोकने की कोशिश की। मैनाक नामक एक पर्वत समुद्र से उठा और बोला, "हे पराक्रमी, मुझ पर विश्राम करें।" लेकिन हनुमान जी ने कहा, "धन्यवाद, भाई, लेकिन समय नहीं है! मैं उम्मीद रखता हूँ, और आशा को जल्दी करना चाहिए।"

फिर सुरसा नामक एक समुद्री राक्षसी उठी। उसने अपना मुँह चौड़ा करके कहा, "आपको अपनी शक्ति साबित करने के लिए मेरे बीच से गुज़रना होगा!" हनुमान जी बस मुस्कुराए। वह बड़े हुए। और बड़े हुए। और बड़े हुए। जब तक वह आकाश जितने लंबे नहीं हो गए और सुरसा का मुँह उन्हें फिट नहीं कर सकता था। फिर—झप!—वह एक चूहे के आकार के हो गए और हवा के एक चुपके झोंके की तरह उसके दाँतों से निकल गए। कितने चतुर वानर राज!

आखिरकार, वह लंका पहुँच गए। और वहाँ—चाँदनी के नीचे, उदास बगीचों और पत्थर के राक्षसों के पास—उन्होंने सीता माता को अशोक के पेड़ों के एक उपवन में बैठे हुए पाया, उनकी आँखें आँसुओं से भरी थीं, उनका दिल साहस से भरा था।

उन्होंने झुककर धीरे से कहा, "मैं आपके लिए राम का संदेश लाया हूँ।"

सीता माता के आँसू रुक गए। आशा लौट आई।

4

लंका दहन: बिकट रूप धरि लंक जरावा

और हनुमान जी? उनका काम अभी भी समाप्त नहीं हुआ था। उन्होंने खुद को (जानबूझकर!) कैद करवा लिया, रावण के रखवालों के सामने पेश किया, और पता है उन्हें क्या दंड दिया गया? उनकी प्यारी पूँछ में आग लगा दी गई। इसी जलती पूँछ से उन्होंने राक्षसों के शहर, जिसका नाम लंका था, उसमें आग लगा दी (अपनी पूँछ से, आर्यव!), और फिर हँसते हुए वापस समुद्र पार छलांग लगा दी, उनकी पूँछ उनके पीछे दूसरे सूरज की तरह सुनहरी लपटें छोड़ रही थी।

भव्य आतिशबाजी के प्रदर्शन के बाद, उन्होंने अपनी पूँछ शाही फव्वारे में डुबोई, आग बुझाई, और अपने हाथों को धूल से साफ किया। "बहुत बढ़िया पार्टी," उन्होंने कहा। "अब, मिठाई कहाँ है?" और इसलिए, हमेशा की तरह, वह रावण के निजी बगीचे में टहलता हुआ गया, एक शाखा पर बैठा, और आधे फलों के पेड़ खा गया। आम, केले, पपीते और कुछ अजीब बैंगनी चीजें—सब गायब हो गए। "यह मेरा फल हो," वह मुस्कुराए, पेट भरा हुआ था, पूंछ अभी भी भाप से भरी हुई थी।

आर्यव इतना ज़ोर से हँसा कि उसे अपनी नाक पोंछनी पड़ी। "उन्होंने राक्षस राजा के शहर को जलाने के बाद उसके फल खाए?"

"बेशक!" दादाजी ने कहा। "हनुमान जी कभी असभ्य नहीं थे—बस पूरी तरह से निडर।"

"लेकिन फिर भी," आर्यव ने कहा, "वह सीता माता को ले जा सकते थे। वह काफी मजबूत थे।"

"आह," उनके दादाजी ने धीरे से कहा, हँसी शांत गर्मजोशी में बदल गई। "हाँ, वह थे। लेकिन सीता माता ने इस तरह से बचाए जाने से इनकार कर दिया।"

"क्यों?"

"क्योंकि वह कोई ऐसी नहीं थीं जिसे रत्न की तरह छीना जा सके। वह एक रानी थीं। उन्होंने कहा, 'मुझे राम द्वारा स्वयं मुक्त किया जाना चाहिए'—ताकि दुनिया को पता चले कि अच्छाई को बुराई से लड़ना चाहिए, उससे बचना नहीं चाहिए।"

आर्यव की आँखें चौड़ी हो गईं।

"हनुमान जी ने यह बात समझ ली थी। भले ही वह उन्हें एक माँ की तरह प्यार करते थे, लेकिन वह जानते थे कि उनकी अपनी ताक़त है—और उनका अपना सफ़र। इसलिए उन्हें ले जाने के बजाय, वह उनके शब्दों को वापस ले आए। उन्होंने उनकी आवाज़ को संदेश बनने दिया।"

कमरा शांत था। फिर आर्यव फुसफुसाया, "तो मजबूत होने का मतलब यह भी जानना है कि कब अपनी ताक़त का इस्तेमाल नहीं करना है।" उसके दादा मुस्कुराए। "बिल्कुल सही। हनुमान जी ने एक शहर को जला दिया। लेकिन उन्होंने एक प्रतिज्ञा की रक्षा की।"

और जब आर्यव सोने चला गया, एक आलीशान वानर बालक को ख्यालों में जकड़े हुए, जो एक पल पहले वहाँ नहीं था, दादाजी ने अंधेरे में फुसफुसाया: "कल, मैं तुम्हें उस समय के बारे में बताऊँगा जब हनुमान जी एक बिल्ली के आकार के हो गए थे और एक पहाड़ की तरह लंबे हो गए थे – सब एक ही दिन में। लेकिन अभी के लिए, सो जाओ। छाया तुम्हें परेशान नहीं करेगी।"

बाहर, छायाएँ नींद में बिल्ली के बच्चे की तरह कोनों में सिमट गई थीं। और कहीं, शायद बगीचे में, शायद सितारों में, एक वानर राज हँसा और हवा में उछल पड़ा।

क्या तुम जानना चाहते हो कि राम ने सीता माता को रावण से कैसे बचाया, या हनुमान जी की और कौन-सी अदभुत कहानियाँ हैं?

5

पवन तनय मकरध्वज: पाताल लोक की रहस्यमय यात्रा

मानसूनी हवा बाहर पेड़ों के बीच से धीरे-धीरे गुज़र रही थी। बारिश की बूँदें खिड़कियों पर लयबद्ध तरीके से टपक रही थीं और तेल के दीये की गर्म, टिमटिमाती रोशनी दीवारों पर नाच रही थी। आर्यव अपने दादा के बगल में पुराने झूले पर बैठा था जो हर बार झूलने पर चरमरा रहा था।

"दादाजी," आर्यव फुसफुसाया, "आज मैंने कुछ पढ़ा... कुछ अजीब। उन्होंने कहा कि हनुमान जी का एक बेटा था। लेकिन मैंने सोचा—वह तो एक ब्रह्मचारी थे। क्या यह सच है?"

दादाजी ने सोच-समझकर खिड़की से बाहर देखा। फिर वे मुस्कुराए और बोले, "आह, आर्यव। तुम हमारी सभी प्राचीन कहानियों में से एक सबसे गहरे रहस्य पर ठोकर खा गए हो। एक ऐसी कहानी जो रामायण की धूप में नहीं, बल्कि पाताल लोक की छाया में छिपी हुई है।"

आर्यव सीधा बैठा था, उसकी आँखें चौड़ी थीं। "बताओ! क्या हुआ?"

दादाजी ने धीरे से सिर हिलाया। "तो ध्यान से सुनो, क्योंकि यह कहानी सिर्फ़ युद्ध और बहादुरी की नहीं है, बल्कि रहस्य, सच्चाई और कैसे जीवन देवताओं को भी हैरान कर देता है..."

भगवान राम के लंका से लौटने और अयोध्या में शांति बहाल होने के दौरान, ख़तरा एक छिपे हुए रूप में वापस आ गया। पाताल लोक के शासक राक्षस जादूगर अहिरावण ने भगवान राम और लक्ष्मण को सोते समय अपहरण कर लिया। कोई नहीं जानता था कि वे कहाँ गए थे—कोई नहीं, सिवाय हनुमान जी के, जिनका दिल हमेशा के लिए अपने प्रभु से जुड़ गया था। एक ऐसी दहाड़ के साथ जो पूरे लोक में गूंज उठी, हनुमान जी उन्हें बचाने के लिए पाताल लोक में कूद पड़े।

लेकिन पाताल लोक कोई साधारण जगह नहीं है। इसका आसमान बैंगनी है, इसकी नदियाँ चमकती हैं, और इसका सन्नाटा... गहरा और अंतहीन है। जैसे ही वह उस अजीब दुनिया के

द्वार पर पहुँचे, एक शक्तिशाली पहरेदार ने उन्हें रोक दिया। "कोई भी नहीं गुज़रेगा!" पहरेदार ने गुर्राहट के साथ कहा। वह कोई साधारण प्राणी नहीं था—उसका शरीर मज़बूत और वानर राज जैसा था, लेकिन उसकी आँखों और त्वचा पर पानी के जानवर के शल्क थे।

हनुमान जी ने भौंहें उठाईं। "तुम कौन होते हो मुझे रोकने वाले?"

"मैं मकरध्वज हूँ," पहरेदार ने उत्तर दिया, "भगवान हनुमान का पुत्र!"

हनुमान जी स्तब्ध रह गए। "क्या? यह संभव नहीं है! मेरा… मेरा कोई पुत्र नहीं है!"

अनसुनी पहेली

आर्यव ने चौंकते हुए कहा। "लेकिन दादाजी, ऐसा कैसे हो सकता है? हनुमान जी ने कभी शादी नहीं की, है न?"

"बिल्कुल," दादाजी ने कहा। "हनुमान जी पूर्ण ब्रह्मचारी थे—एक ब्रह्मचारी, जो पूरी तरह से भगवान राम को समर्पित थे। और फिर भी..."

उन्होंने आगे कहा: सीता माता की खोज में लंका को जलाने के बाद, हनुमान जी थक गए थे और ठंडा होने के लिए समुद्र में डुबकी लगाई। उनके दिव्य पसीने की एक बूँद पानी में गिर गई… जहाँ एक मकर—एक रहस्यमय समुद्री जीव—ने उसे निगल लिया। उस बूँद से, भाग्य के एक मोड़ में, मकरध्वज ने समुद्री जीव के गर्भ में जन्म लिया।

"बाद में," दादाजी ने धीरे से कहा, "अहिरावण के सैनिकों ने मछली पकड़ी, और उसके अंदर... उन्हें यह अजीब, शक्तिशाली बच्चा मिला।" उसकी ताकत से मोहित होकर, अहिरावण ने मकरध्वज को पाला, उसे अपना सबसे भरोसेमंद योद्धा बनाया, और पाताल के द्वारों का रक्षक बनाया।

रक्त और वफादारी की अप्रतिम लड़ाई

"तो फिर क्या हुआ?" आर्यव ने फुसफुसाते हुए कहा, उसकी छोटी मुट्ठियाँ भींची हुई थीं।

दादाजी मुस्कुराए। "आह, और यहाँ कहानी सबसे शक्तिशाली हो जाती है..."

हनुमान जी, अभी भी हैरान, मकरध्वज को उसे जाने देने के लिए मनाने की कोशिश कर रहे थे। "मैं तुम्हारा पिता हूँ," उन्होंने कहा, "और तुम्हारा स्वामी बुराई करता है। मुझे जाने दो।" लेकिन मकरध्वज ने अपना सिर हिला दिया। "आप जन्म से मेरे पिता हो सकते हैं, लेकिन अहिरावण ने मुझे पाला है। मैं पूरे दिल से उसकी सेवा करता हूँ।"

रक्त के बंधन के बावजूद, मकरध्वज दृढ़ रहा, और पिता और पुत्र लड़े - शक्ति, भावना और दुःख से भरी लड़ाई। आखिरकार, हनुमान जी ने उन्हें परास्त कर दिया। लेकिन क्रोध के बजाय, हनुमान जी को गहरा गर्व महसूस हुआ। "युद्ध में भी," उन्होंने कहा, "तुमने एक शेर का साहस और एक सच्चे योद्धा की वफादारी दिखाई।"

एक पुत्र का राज्याभिषेक और कहानी का गूढ़ अर्थ

आर्यव की आँखें अब नम थीं। "क्या उसके बाद हनुमान जी उससे प्यार करने लगे?"

दादा ने सिर हिलाया। "हाँ, मेरे बेटे। हनुमान जी ने मकरध्वज में अपनी आत्मा का प्रतिबिंब देखा। युद्ध में भयंकर, फिर भी दिल से शुद्ध।"

अहिरावण की जादुई जेल से राम और लक्ष्मण को छुड़ाने के बाद, हनुमान जी मकरध्वज के पास लौटे और कहा: "तुमने अपनी पूरी ताकत से पाताल की रक्षा की। अब, बुद्धि से इस पर शासन करो।" और इस तरह, मकरध्वज को पाताल का राजा बनाया गया - एक ऐसा शासक जो पसीने की एक बूँद से पैदा हुआ, अंधेरे में पला-बढ़ा, फिर भी महान और सूर्य की तरह तेजवान।

जैसे ही बारिश शांत हुई, दादाजी ने अपना हाथ आर्यव के सिर पर रखा। "मेरे प्यारे बच्चे," उन्होंने कहा, "बहुत से लोग अभी भी इस कहानी के बारे में बहस करते हैं। कुछ कहते हैं कि यह प्रतीकात्मक है। कुछ कहते हैं कि यह शाब्दिक है। लेकिन सच क्या है?" उन्होंने आर्यव के दिल की ओर इशारा किया। "सत्य वह है जो हम इससे सीखते हैं।"

"मकरध्वज हमें याद दिलाता है कि वफ़ादारी कई रूपों में आ सकती है। कि अंधेरे में भी, प्रकाश की एक चिंगारी उग सकती है। और कभी-कभी, प्यार हमें सबसे अप्रत्याशित तरीकों से पाता है।"

आर्यव धीरे से मुस्कुराया। "वह हनुमान जी की तरह थे... एक अलग रूप में।"

"हाँ," दादाजी ने कहा। "एक दर्पण की तरह, थोड़ा बदला हुआ... लेकिन अभी भी सच है।"

दीपक एक बार फिर टिमटिमाया, और मिथक और स्मृति की गहराई में कहीं, मकरध्वज की कहानी जीवित रही - युवा दिलों के फिर से इसे खोजने की प्रतीक्षा में।

6

वानर राज : लाय सजीवन लखन जियाये

“क्या आप आगे यह कहानी सुनना चाहेंगे कि हनुमान जी ने कैसे पूरा पहाड़ उठा लिया? इसमें एक नींद में डूबा हुआ भालू, एक भूली हुई जड़ी-बूटी और इतनी तेज़ छींक शामिल है कि पूरा गाँव जाग गया।”

आइए आर्यव के कमरे में वापस लौटते हैं, जहाँ छायाएँ अब डरावनी होने के बजाय ज़्यादा उत्सुक हैं, और दादाजी फिर से वापस आ गए हैं - इस बार एक पहाड़, एक चमत्कार और एक वानर राज की कहानी लेकर जो जान बचाने के मामले में बिल्कुल भी नहीं घबराते।

रात की शुरुआत गड़गड़ाहट से हुई। बाहर नहीं, नहीं - यह दादाजी के छींकने की आवाज़ थी।

“अछू!”

आर्यव उछल पड़ा और अपने कंबल को पकड़ लिया। “यह एक गैंडे के ड्रम पर ठोकर खाने जैसी आवाज़ थी!”

“बिल्कुल वैसे ही जैसे मैं छींकता हूँ,” दादाजी ने अपनी नाक पोंछते हुए कहा। “जो कि एकदम सही है, क्योंकि आज रात की कहानी में एक बहुत ही खास छींक, एक लुप्त हो जाने वाली जड़ी-बूटी और हमारे निडर वानर राज दोस्त द्वारा कुछ ऐसा करना शामिल है जो पूरी तरह से केला है।”

“केले अच्छे होते हैं,” आर्यव ने कहा। “खासकर जब आप वानर राज हों।”

दादाजी ने गंभीरता से सिर हिलाया। “खासकर जब आपका सबसे अच्छा दोस्त युद्ध के मैदान में मर रहा हो।” और बस इसी तरह, कहानी शुरू हुई...

युद्ध का मैदान और संजीवनी की खोज

हनुमान जी द्वारा समुद्र पार करने और पूँछ (और शहरों) को आग लगाने के बहुत समय

बाद, वह सीता माता को राक्षस राजा रावण से बचाने के लिए राम की विशाल सेना में शामिल हो गए। युद्ध महाकाव्य था। दस हज़ार योद्धाओं की कल्पना करें! कवच वाले हाथी! क्रोधित पक्षियों के झुंड की तरह उड़ते हुए तीर! राक्षस सींगों से झूलते हुए वानर राज सेनापति! कुल मिलाकर अराजकता का साम्राज्य था।

और इस सब के बीच, राम के छोटे भाई, शक्तिशाली राजकुमार लक्ष्मण को एक भयानक हथियार से मारा गया। वह शांत पड़े रहे। बहुत शांत।

"केवल एक ही चीज़ उन्हें बचा सकती है," वानर राज-डॉक्टर ने कहा (जिसने निश्चित रूप से एक कान के पीछे केला छिपा रखा था), "एक पवित्र जड़ी-बूटी जिसे संजीवनी कहा जाता है। यह हिमालय में बहुत दूर द्रोणागिरी नामक पर्वत पर ही उगती है।"

आर्यव ने चौंकते हुए कहा। "मुझे अनुमान लगाने दो—हनुमान जी ने स्वेच्छा से काम किया?"

"सिर्फ़ स्वेच्छा से काम नहीं किया," दादाजी ने मुस्कुराते हुए कहा। "वह वफ़ादारी से बने रॉकेट की तरह उड़ गए।"

अद्भुत पर्वत-उत्थापन

सूर्यास्त तक हनुमान जी पर्वत पर पहुँच गए, वीरतापूर्ण धमाके के साथ उतरे, और रुक गए। वहाँ बहुत सारी जड़ी-बूटियाँ थीं। नीली, चमकती हुई, संदिग्ध रूप से गाने वाली। सभी की महक ऐसी थी जैसे किसी की रसोई में विस्फोट हो गया हो।

"हम्म," हनुमान जी ने बुदबुदाया। "वे सभी ऐसी दिखती हैं जैसे वे 'संजीवनी' हों। अगर मैं गलत चुन लूँ तो क्या होगा?" उन्होंने अपना सिर खुजलाया। गहराई से सोचा। फिर उन्होंने कहा, "कोई बात नहीं।" और फिर, उन्होंने पूरा पर्वत ही उठा लिया!

"रुको, क्या?" आर्यव उठ बैठा।

"हाँ!" दादाजी ने आँखें चौड़ी करके कहा। "उन्होंने अपने हाथों को ज़मीन में गाड़ दिया, पहाड़ को उसकी जड़ों से तोड़ दिया, और उसे धरती से ऐसे उखाड़ दिया जैसे वह पापड़ हो!"

अपने सिर के ऊपर एक वास्तविक पहाड़ के साथ आकाश में उड़ते हुए, हनुमान जी युद्ध के मैदान में लौट आए। सैनिकों ने ऊपर देखा। राक्षसों ने ऊपर देखा। यहाँ तक कि पक्षियों ने भी अपने कीड़े गिरा दिए और कहा, "नहीं। आज उनसे निपटना नहीं है।"

वह धीरे से उतरे (एक वानर राज के लिए जो पहाड़ को ढो रहा था), और डॉक्टर ने भागकर, सूँघकर, सही जड़ी बूटी तोड़ी, और लक्ष्मण को दे दी।

एक मिनट बाद?

छींक!

लक्ष्मण ने इतनी ज़ोर से छींकी कि उन्होंने एक हेलमेट आम के पेड़ पर फेंक दिया और

पलकें झपकाते हुए उठ बैठे।

"क्या मैं कुछ भूल गया?" हनुमान जी ने बस मुस्कुराया।

उन्होंने पहाड़ को वापस रख दिया (अच्छा, ज़्यादातर), एक वफ़ादार साथी की तरह उसे थपथपाया, और ठीक करने के लिए और अधिक परेशानी ढूँढ़ने के लिए निकल गए।

बड़ा दिल, बड़ी मांसपेशियाँ

जब दादाजी ने समाप्त किया, तो आर्यव चुप था। उसने छत की ओर देखा, जहाँ दीवारों पर पहाड़ों और बंदरों जैसी छायाएँ नाच रही थीं। "यह... यह तो बस... कमाल है।"

दादाजी मुस्कुराए। "यह तुम्हारे लिए हनुमान जी हैं। बड़ा दिल। बड़ी मांसपेशियाँ। बड़ी शरारतें।"

आर्यव ने अपना सिर झुकाया। "दादाजी?"

"हाँ, बेटा?"

"अगर मैं बीमार पड़ गया... तो क्या तुम मेरे लिए पहाड़ लाओगे?"

दादाजी झुके, उसके माथे को चूमा और कहा, "मैं तुम्हारे लिए दस लाऊँगा।"

बाहर, हवा पेड़ों के बीच से फुसफुसा रही थी, और छत के ऊपर एक तारा टिमटिमा रहा था- मानो आर्यव नाम के लड़के को आँख मार रहा हो।

क्या तुम जानना चाहोगे कि इसके बाद राम और रावण के युद्ध में क्या हुआ, या हनुमान जी की कोई और अद्भुत गाथा सुनना चाहोगे?

यह रही दादाजी की सुनाई हनुमान जी की आखिरी कहानी:

7

हरि चेरा: मंगल मूरति रूप

"क्या हम हनुमान जी की कहानी जारी रखें - वह कहानी जिसमें वह राम के खुद के इनाम को भी स्वीकार करने से इनकार कर देते हैं और सभी को सिखाते हैं कि प्यार से सेवा करने का क्या मतलब है?"

बेशक! आज रात की कहानी अंधेरे में एक दीये की तरह चमकती है, जो गर्मजोशी, भक्ति और वानर राज की शरारतों से जगमगाती है। यह दादाजी द्वारा चुनी गई आखिरी कहानी है - एक लड़ाई की कहानी नहीं, बल्कि दिल की कहानी।

आर्यव के कमरे की खिड़कियों पर बारिश की हल्की-हल्की बूंदें गिर रही थीं। वह अपने छोटे से हाथ के नीचे बाघ के आलीशान खिलौने को लपेटे हुए था, उसका दूसरा हाथ उसकी चादर पर चित्रित दीये के आकार को बना रहा था। छायाएँ अब उसे डराती नहीं थीं - वे सोने के समय के शो का इंतज़ार कर रहे दोस्तों की तरह लग रहे थे।

दादाजी एक नरम ढोल की तरह आए, शॉल से इलायची और पुराने चंदन की हल्की-सी महक आ रही थी। वह बैठ गए, उनकी आवाज़ आज रात नरम थी।

"क्या तुम तैयार हो, आर्यव?"

"हमेशा," लड़के ने फुसफुसाया।

"अच्छा। क्योंकि यह उड़ने या लड़ने के बारे में नहीं है," दादाजी ने पास झुकते हुए कहा। "यह इस बारे में है कि हनुमान जी को वास्तव में क्या शक्तिशाली बनाता है। उनकी ताकत नहीं। उनकी आग नहीं। बल्कि उनका दिल।"

पुरस्कार का पल और अप्रत्याशित प्रेम

महायुद्ध समाप्त होने के बाद - जब बाण चलना बंद हो गए और रावण गिर गया - राम, सीता और लक्ष्मण अपने राज्य, अयोध्या लौट आए। शहर जगमगा उठा। हर गली में दीप

जलाए गए। लोगों ने कंफ़ेद्दी की तरह फूल फेंके। ढोल ने घर वापसी की जीत की धुन बजाई। राम सिंहासन पर बैठे। सीता उनके बगल में। लक्ष्मण मंद-मंद मुस्कुरा रहे थे। और हनुमान जी? वे हॉल के किनारे खड़े थे। ध्यान आकर्षित करने के लिए नहीं। प्रशंसा की अपेक्षा नहीं। बस... देख रहे थे।

तभी राम खड़े हो गए। "मेरे प्यारे हनुमान," उन्होंने कहा, "आपने किसी से भी ज़्यादा किया। आपने समुद्र पार किए, शहरों को जलाया, पहाड़ों को उठाया, सीता को पाया। मैं आपका ऋण कैसे चुका सकता हूँ?"

उन्होंने एक सुनहरा बक्सा खोला, जिसके अंदर कीमती मोतियों की एक माला थी - झिलमिलाती हुई, एकदम सही, सबसे बहादुर नायक के लिए उपयुक्त। लेकिन हनुमान जी ने हार ले लिया... और भौंहें सिकोड़ लीं। उन्होंने एक मोती उठाया। आँखें सिकोड़ीं। फिर—दरार!—उन्होंने उसे आधा काट लिया।

आर्यव ने पलकें झपकाईं। "उन्होंने इसे खा लिया?"

"अच्छा," दादाजी ने कहा, "उन्होंने इसका निरीक्षण किया। बारीकी से। अपने दाँतों से।" सभी ने दम साध लिया। कोई बेहोश हो गया (शायद कोई मोती व्यापारी)। यहाँ तक कि लक्ष्मण भी पीले पड़ गए।

हनुमान जी ने समझाया: "मैं देख रहा था कि क्या अंदर राम का नाम लिखा है। अगर नहीं... तो मैं इसे क्यों रखूँगा?"

दम साधे। कांड।

"लेकिन हनुमान जी!" किसी ने चिल्लाया। "अगर राम का नाम इसमें नहीं होता तो आप निश्चित रूप से अपना शरीर नहीं तोड़ते!"

हनुमान जी ने अपना सिर झुकाया। और फिर... उन्होंने अपनी छाती चीर दी। धीरे से। जादुई तरीके से। कोई दर्द नहीं। कोई खून नहीं। और सभी ने क्या देखा? उनका दिल। और उस हृदय के अंदर, एक कभी न खत्म होने वाली प्रार्थना की तरह बार-बार लिखा गया:

राम राम राम राम राम

राम राम राम राम राम

कई बार, देवता भी गिनना भूल गए।

उस दिन, महल ने ताकत से बढ़कर कुछ सीखा। हनुमान जी ने राम की सेवा उपहारों या सोने के लिए नहीं की। या प्रसिद्धि के लिए नहीं। उन्होंने सेवा की क्योंकि वे प्रेम करते थे। ऐसा प्रेम जो घमंड नहीं करता। जो मांगे जाने पर उछलता है। जो बिना सवाल किए पहाड़ों को उठा लेता है। जो कोने में खड़े रहने पर भी मुस्कुराता है।

मौन शक्ति और अटूट भक्ति

"आह, मौन शक्ति, है न? तो करीब आओ, आर्यव, क्योंकि यह ऐसी कहानी है जो गरज की तरह चिल्लाती नहीं है - यह शांत रात में मंदिर की घंटी की तरह गूंजती है। यह हमारे बहादुर वानर नायक हनुमान जी के बारे में है, लेकिन उस हनुमान के बारे में नहीं जो पहाड़ों को उठाता है या समुद्र को पार करता है। नहीं, यह हनुमान जी के सबसे शांत, सबसे मजबूत क्षण की कहानी है। तो बताओ, आर्यव..."

"कौन सा बहादुर है," दादाजी ने पूछा, "अपनी मुट्ठियों से एक शहर को तहस-नहस करना... या प्यार से अपना दिल चीर देना?"

आर्यव ने पलकें झपकाईं, फिर फुसफुसाया, "दूसरा वाला...बड़ा लगता है।"

दादाजी मुस्कुराए। "तो तुम समझ गए, मेरे छोटे जुगनू। वह मौन शक्ति है। वह जो शोर नहीं मचाती--लेकिन अंदर पहाड़ों को हिला देती है।" दादाजी की आवाज़ लोरी के आखिरी सुर की तरह धीमी पड़ गई।

आर्यव चुपचाप लेटा रहा, उसकी आँखें चौड़ी हो गईं। फिर उसने फुसफुसाया, "मुझे लगता है कि मैं हनुमान जी जैसा बनना चाहता हूँ।"

दादाजी मुस्कुराए। "तो दयालु बनो। बहादुर बनो। और जब तुम किसी से प्यार करते हो, तो उसे उस वानर राज की तरह प्यार करो जो अपने हाथों में पहाड़...और अपने दिल में भगवान रखता है।"

बाहर, बारिश रुक गई। अंदर, छायाएँ सिकुड़ गईं, संतुष्ट। बाघ का आलीशान खिलौना किसी तरह थोड़ा सीधा हो गया, मानो सुन रहा हो। और आर्यव? वह सपनों में खो गया--जहाँ वानर राज की पूंछ प्रभामंडल बनाती थी और भक्ति किसी भी रात की रोशनी से ज़्यादा चमकती थी।

उत्कृष्ट! यह महाभारत से हनुमान जी की कहानी का एक और शानदार भाग है। मैंने इसे और अधिक रोचक, व्याकरण सम्मत और प्रवाहपूर्ण बनाने के लिए कुछ बदलाव किए हैं, साथ ही हनुमान जी के प्रति आदर भाव को बनाए रखा है।

8

अचल पूँछ: विद्यावान गुनी अति चातुर

बाहर बारिश की हल्की फुहारें पड़ रही थीं, नन्हा आर्यव अपने दादाजी के करीब बैठा हुआ था, उसकी आँखें उत्सुकता से चौड़ी हो रही थीं।

"मुझे हनुमान जी के बारे में और बताइए, दादाजी," आर्यव ने कहा। "लेकिन रामायण से नहीं... आपने मुझे वे सब पहले ही बता दिए हैं।"

दादाजी ने हँसते हुए कहा, उनकी आँखें चमक रही थीं। "आह, मेरे प्यारे बेटे, तो तुम दूसरी कहानी सुनना चाहते हो—वह जो महाभारत की तहों में एक अनमोल रत्न की तरह छिपी हुई है?"

आर्यव ने उत्सुकता से सिर हिलाया।

"तो ठीक है," दादाजी ने शुरू किया, "मैं तुम्हें बताता हूँ कि कैसे शक्तिशाली भीम, तुम्हारे पसंदीदा पांडव, एक बार महान हनुमान जी से मिले थे—युद्ध में नहीं, बल्कि दिल और विनम्रता की परीक्षा में..."

भीम का घमंड और बूढ़ा वानर राज

बहुत पहले, वन में अपने निर्वासन के दौरान, पांडव कुछ कार्यों को पूरा करने के लिए अलग-अलग दिशाओं में बिखरे हुए थे। उनमें से सबसे शक्तिशाली भीम को द्रौपदी के लिए एक दुर्लभ फूल—सौगंधिका—की तलाश में भेजा गया था।

जब भीम जंगल में छलांग लगाता हुआ अपने शक्तिशाली पैरों के नीचे पेड़ों को कुचलता हुआ और अपने गरजते कदमों से जंगली जानवरों को डराता हुआ आगे बढ़ा, तो उसका अभिमान बढ़ गया। उसने सोचा, "मुझसे ज़्यादा ताकतवर कोई नहीं है।" लेकिन जैसे ही वह जंगल के घने हिस्से से आगे बढ़ा, उसने कुछ अजीब देखा। एक कमज़ोर, बूढ़ा वानर राज उसके रास्ते में पड़ा था, उसकी पूँछ जंगल के फर्श पर फैली हुई थी।

भीम ने दहाड़ते हुए कहा, "बूढ़े वानर राज, अपनी पूँछ मेरे रास्ते से हटाओ!"

वानर राज ने आलस से एक आँख खोली और कहा, "युवा योद्धा, मैं बहुत बूढ़ा और थका हुआ हूँ। अगर मेरी पूँछ तुम्हें परेशान करती है, तो तुम खुद ही इसे हटा लो।"

भीम हँसे। आखिरकार, वह वायु देवता का पुत्र था और अपनी अपार शक्ति के लिए जाना जाता था। लेकिन जब वह पूँछ उठाने के लिए नीचे झुका, तो वह हिली नहीं! उसने अपनी पूरी ताकत से खींचा, लेकिन पूँछ एक इंच भी नहीं हिली।

शक्ति का रहस्य और विनम्रता का पाठ

हैरान होकर भीम अपने घुटनों पर गिर पड़ा। "वास्तव में आप कौन हैं?" उसने विस्मय से पूछा।

और फिर, जंगल चमक उठा। बूढ़ा वानर राज गायब हो गया और उसकी जगह स्वयं हनुमान जी खड़े हो गए, उनका रूप भव्य, चमकीला और दिव्य था - भीम के बड़े भाई, जो पवन देवता से ही पैदा हुए थे।

"मैं हनुमान हूँ," उन्होंने कहा, "आपको यह याद दिलाने के लिए भेजा गया हूँ कि सच्ची ताकत सिर्फ़ मांसपेशियों में नहीं, बल्कि विनम्रता, धार्मिकता और सेवा में निहित है।"

भीम ने सिर झुकाया। "मुझे माफ़ कर दो, महान।"

हनुमान जी मुस्कुराए। "तुम बहादुर हो, भीम, लेकिन कभी भी अपने कर्तव्य पर गर्व मत करो। जब महान युद्ध आएगा, तो मैं वहाँ रहूँगा। मैं अर्जुन के रथ की पताका पर बैठूँगा, दुष्टों के दिलों में भय पैदा करने के लिए दहाड़ूँगा।"

और अपने वचन के अनुसार, जब कुरुक्षेत्र का युद्ध हुआ, तो हनुमान जी अर्जुन के ध्वज पर बैठे, उनकी उपस्थिति अदृश्य थी लेकिन उनकी शक्ति बेजोड़ थी, पांडवों की रक्षा और धर्म को कायम रखते हुए।

असली नायक का सार

दादाजी रुक गए। आर्यव की आँखें चमक उठीं।

"दादाजी," उन्होंने धीरे से कहा, "मैं हनुमान जी जैसा बनना चाहता हूँ। बहादुर, लेकिन विनम्र भी।"

दादाजी मुस्कुराए और उसे गले लगा लिया। "मेरे प्यारे आर्यव, यही तो असली हीरो होता है।"

और बाहर बारिश रुक गई, मानो आसमान भी सुन रहा हो।

क्या तुम महाभारत के युद्ध के बारे में और जानना चाहोगे जिसमें हनुमान जी ने पांडवों की सहायता की, या कोई और कहानी सुननी है जिसमें हनुमान जी की विनम्रता और शक्ति का अद्भुत संगम हो?

9

अदृश्य ध्वजवाहक: हनुमान ने बचाई अर्जुन की जान

"दादाजी," आर्यव फुसफुसाया, आधी नींद में और कहानियों के जादू में खोया हुआ, "मुझे याद है आपने कहा था कि हनुमान जी महाभारत के युद्ध में थे। पर कैसे? क्या उन्होंने भी लड़ाई लड़ी?"

दादाजी ने आर्यव के सिर पर प्यार से हाथ फेरा। "आह, मेरे प्यारे आर्यव, यह हनुमान जी की उन कहानियों में से एक है जहाँ उनकी सबसे बड़ी मदद उनकी ताकत से नहीं, बल्कि उनकी उपस्थिति से मिली। यह दिखाती है कि कैसे कुछ चीज़ें अदृश्य रहकर भी सबसे बड़ा प्रभाव डालती हैं।"

बाहर, रात शांत थी, लेकिन आर्यव की आँखों में उत्सुकता चमक रही थी।

"बहुत समय पहले, जब धर्म और अधर्म के बीच कुरुक्षेत्र का भयानक युद्ध हो रहा था," दादाजी ने शुरू किया, उनकी आवाज़ एक दूर की गड़गड़ाहट जैसी थी, "पांडवों और कौरवों की सेनाएँ आमने-सामने खड़ी थीं। पांडवों में से एक थे अर्जुन, जो युद्ध के मैदान में सबसे महान धनुर्धर थे।"

अर्जुन का रथ और एक अदृश्य रक्षक

"अर्जुन का रथ कोई साधारण रथ नहीं था। इसे स्वयं भगवान कृष्ण चला रहे थे, और इसके ऊपर एक शानदार ध्वज था। इस ध्वज पर एक चित्र बना हुआ था – एक वानर का! और जानते हो कौन था वह वानर?" दादाजी ने रहस्यमयी ढंग से पूछा।

आर्यव की आँखें चमक उठीं। "हनुमान जी!"

"बिल्कुल सही!" दादाजी मुस्कुराए। "अर्जुन जानते थे कि युद्ध में हनुमान जी का समर्थन कितना अमूल्य होगा। युद्ध से पहले, हनुमान जी ने अर्जुन को वचन दिया था कि वह उनके रथ के ध्वज पर विराजमान रहेंगे। वह दिखाई नहीं देंगे, पर उनकी उपस्थिति ही शत्रुओं के दिलों में

डर भर देगी और अर्जुन के रथ को अजेय बनाएगी।"

युद्ध भयंकर था। तीरों की बारिश हो रही थी, भाले उड़ रहे थे, और हर तरफ से योद्धाओं की दहाड़ गूँज रही थी। कौरवों की सेना, जिसका नेतृत्व महान योद्धा और गुरु द्रोणाचार्य और भीष्म कर रहे थे, अपनी पूरी शक्ति से हमला कर रही थी। वे अर्जुन के रथ पर लगातार हमला कर रहे थे, क्योंकि वे जानते थे कि अगर वे अर्जुन को हरा पाए, तो पांडवों की जीत की उम्मीद टूट जाएगी।

कौरवों ने कई शक्तिशाली और जादुई हथियारों का इस्तेमाल किया। उन्होंने अर्जुन के रथ पर भयानक मंत्रों से सने बाण चलाए, जो पहाड़ों को भी हिला सकते थे। लेकिन हर बार जब ऐसा कोई घातक वार रथ पर आता, तो एक अजीब सी बात होती। रथ डगमगाता, कभी-कभी कुछ इंच पीछे भी हट जाता, लेकिन वह कभी टूटता नहीं था। कवच टूटने के बजाय बस खरोंच जाता। रथ के घोड़े कभी गिरते नहीं थे, और अर्जुन व कृष्ण सुरक्षित रहते थे।

युद्ध का अंत और हनुमान जी का प्रकट होना

युद्ध के सत्रहवें दिन, जब दुष्ट कर्ण ने अर्जुन पर अपना सबसे शक्तिशाली अस्त्र, नागास्त्र चलाया, तो वह सीधे अर्जुन के रथ की ओर बढ़ा। यह इतना शक्तिशाली था कि यह रथ को जलाकर राख कर सकता था। लेकिन जैसे ही अस्त्र रथ के पास पहुँचा, ध्वज पर बैठा वानर का चित्र एक पल के लिए चमका। एक अदृश्य शक्ति ने रथ को ज़मीन में कुछ इंच धँसा दिया, और नागास्त्र केवल अर्जुन के मुकुट को छूकर निकल गया! अर्जुन बच गए।

जब युद्ध समाप्त हुआ, और पांडवों ने धर्म की जीत हासिल की, तो अर्जुन बेहद खुश थे। वह कृष्ण से बोले, "हे माधव, हमने युद्ध जीत लिया! अब रथ से उतरते हैं।"

कृष्ण मुस्कुराए। "पहले तुम उतरो, अर्जुन।"

अर्जुन संकोच में पड़ गए, क्योंकि हमेशा सारथी ही पहले उतरता है। लेकिन उन्होंने अपने भगवान की बात मानी और उतर गए। जैसे ही अर्जुन उतरे, कृष्ण भी रथ से कूद गए।

और फिर जो हुआ, वह देखकर अर्जुन की आँखें फोंजी हो गई। जैसे ही कृष्ण रथ से उतरे, वह शानदार रथ – जिसने इतने भयानक हमलों का सामना किया था – अचानक भयानक धमाके के साथ जलकर राख हो गया! कवच फट गया, घोड़े ढह गए, और ध्वज भी राख हो गया।

अर्जुन चौंक गए। "यह क्या हुआ, प्रभु?"

कृष्ण मुस्कुराए। "अर्जुन, यह रथ इतने दिनों से उन सभी शक्तिशाली अस्त्रों का सामना कर रहा था जो तुम पर चलाए गए थे। तुम्हारे हनुमान जी, जो ध्वज पर बैठे थे, उन्होंने इन सभी हमलों का बोझ अपने ऊपर ले लिया था। वह अदृश्य रूप से रथ और तुम्हें बचा रहे थे। जैसे ही वह उतर गए और मैं भी, रथ अब और उन भयानक शक्तियों का बोझ नहीं सह सकता था और वह जल गया। हनुमान जी की उपस्थिति के कारण ही यह अब तक सुरक्षित था।"

दादाजी ने गहरी साँस ली। "तो देखा, आर्यव? हनुमान जी ने सीधे तौर पर किसी राक्षस को नहीं मारा, न कोई पहाड़ उठाया। लेकिन उनकी अदृश्य शक्ति और भक्ति ने अर्जुन को बचाया और धर्म की जीत में महत्वपूर्ण भूमिका निभाई। कभी-कभी, सबसे बड़ी सहायता वह होती है जिसे हम देख नहीं पाते, लेकिन जिसकी उपस्थिति हमें हर खतरे से बचाती है।"

आर्यव चुपचाप लेटा रहा, उसकी आँखें छत की ओर देख रही थीं, जहाँ अब हनुमान जी की एक अदृश्य, सुरक्षात्मक छवि उसे घेरे हुए थी। "तो हनुमान जी हमेशा हमारे साथ रहते हैं, है न दादाजी?"

दादाजी ने प्यार से थपथपाया। "हाँ, मेरे बेटे। हमेशा। बस तुम्हें उन पर विश्वास रखना है।"

ज़रूर, आर्यव! दादाजी के पास महाभारत से हनुमान जी की एक और अद्भुत कहानी है, जो दिखाती है कि कैसे हनुमान जी सिर्फ़ अपनी शक्ति से नहीं, बल्कि अपनी सूझबूझ और भक्ति से भी बड़े-बड़े काम करते थे।

10

हनुमान जी और गरुड़ का घमंड

"दादाजी," आर्यव ने पूछा, कंबल में और गहरा धँसते हुए, "महाभारत में हनुमान जी ने अर्जुन के रथ पर बैठकर कैसे मदद की, यह तो मैंने सुना। पर क्या उन्होंने सीधे तौर पर किसी और की मदद की, या किसी को कोई पाठ सिखाया?"

दादाजी मुस्कुराए। "हाँ, मेरे प्यारे। एक बार ऐसा हुआ था कि उन्होंने किसी और को नहीं, बल्कि देवताओं के वाहन, शक्तिशाली गरुड़ देव को ही एक विनम्रता का पाठ सिखा दिया था।"

आर्यव ने अपनी आँखें बड़ी कर लीं। "गरुड़ देव? वह तो बहुत तेज़ उड़ते हैं और सांपों को खाते हैं, है ना?"

"बिल्कुल," दादाजी ने पुष्टि की। "और अपनी शक्ति पर उन्हें बहुत घमंड था। यह कहानी थोड़ी पुरानी है, जब राम और रावण का युद्ध समाप्त हो चुका था और हनुमान जी अपने प्रभु राम की सेवा में लीन थे।"

गरुड़ का घमंड और हनुमान जी का मौन

"एक दिन, गरुड़ देव, जो अपनी असीम गति और शक्ति पर बहुत गर्व करते थे, हनुमान जी से मिलने आए। उन्होंने हनुमान जी को देखा, जो राम के पास शांत बैठे थे, शायद उनके पैर दबा रहे थे या बस उनके चेहरे को देख रहे थे। गरुड़ देव को लगा कि हनुमान जी की शक्ति तो केवल समुद्र लांघने और लंका जलाने तक सीमित है।"

गरुड़ देव ने बड़े अहंकार से कहा, "हे वानर राज, आप तो बड़े शक्तिशाली हैं। आपने सीता की खोज में समुद्र लांघ लिया। क्या आप जानते हैं कि मैं एक पल में कितनी दूरी तय कर सकता हूँ? क्या आप जानते हैं कि मैं स्वर्ग से पाताल तक कितनी जल्दी पहुँच सकता हूँ? आपकी गति मेरे सामने क्या है?"

हनुमान जी ने शांत भाव से गरुड़ देव की ओर देखा। उन्होंने कोई जवाब नहीं दिया, बस

एक हल्की सी मुस्कान उनके चेहरे पर थी। गरुड़ देव को लगा कि हनुमान जी शायद उनके सामने अपनी श्रेष्ठता मान रहे हैं।

एक रहस्यमय प्रश्न और एक अटूट बंधन

फिर गरुड़ देव ने एक और प्रश्न पूछा, "हे हनुमान, आपने भगवान राम की इतनी सेवा की है। क्या आप सच में उनकी भक्ति को समझते हैं? क्या आप जानते हैं कि जब भगवान राम ने रावण का वध किया था, तब वह इतने शक्तिशाली थे कि वह गरुड़ के बिना ही लंका पहुँच सकते थे?" हनुमान जी ने धीरे से सिर उठाया। उनकी आँखों में अब भी वही शांत चमक थी, लेकिन उनके चेहरे पर एक दृढ़ता आ गई थी। "हे गरुड़ देव," उन्होंने कहा, "आप सही कहते हैं। प्रभु राम सर्वशक्तिमान हैं। उन्हें वास्तव में मेरी या किसी और की सहायता की आवश्यकता नहीं थी। वह अपनी इच्छा मात्र से ब्रह्मांड को नियंत्रित कर सकते हैं।"

गरुड़ देव सोचने लगे कि हनुमान जी अपनी कमज़ोरी स्वीकार कर रहे हैं। तभी हनुमान जी ने अपनी बात पूरी की: "लेकिन, हे गरुड़ देव, मेरे प्रभु ने मुझे यह अवसर इसलिए दिया क्योंकि वह मुझे सेवा करने का सौभाग्य देना चाहते थे। उनकी शक्ति का प्रदर्शन मेरा उद्देश्य नहीं है। मेरा उद्देश्य तो सिर्फ़ और सिर्फ़ उनकी सेवा करना है, उनके नाम का जाप करना है, और उनके प्रति अपनी अटूट भक्ति दिखाना है। गति, शक्ति, या दूरी - यह सब उनके नाम के सामने कुछ भी नहीं है। मेरी भक्ति ही मेरी शक्ति है।"

हनुमान जी ने एक पल के लिए अपनी आँखें बंद कीं और फिर खोलीं। उनके शांत, दृढ़ शब्दों ने गरुड़ देव के अहंकार को तोड़ दिया। गरुड़ देव समझ गए कि हनुमान जी की असली शक्ति उनकी विनम्रता, उनकी अनमोल भक्ति और उनके निस्वार्थ प्रेम में निहित है, न कि केवल उनकी भौतिक शक्ति में। गरुड़ देव ने सिर झुका लिया। उन्हें अपनी गलती का एहसास हो गया था।

विनम्रता का सबसे बड़ा बल

दादाजी ने आर्यव की ओर देखा। "तो देखा, मेरे प्यारे, हनुमान जी ने अपनी शक्ति का कोई प्रदर्शन नहीं किया। उन्होंने गरुड़ से कोई दौड़ नहीं लगाई, न ही उन्हें अपनी ताक़त दिखाई। उन्होंने बस अपने शब्दों से, अपनी शांत भक्ति से, गरुड़ को यह समझा दिया कि सच्ची महानता विनम्रता और ईश्वर के प्रति अटूट प्रेम में होती है, घमंड में नहीं।"

आर्यव ने सिर हिलाया। "तो हमें कभी घमंड नहीं करना चाहिए, है ना दादाजी?"

"बिल्कुल नहीं," दादाजी ने कहा। "और हमें हमेशा यह याद रखना चाहिए कि सबसे बड़ी शक्तियाँ अक्सर मौन और विनम्रता में निवास करती हैं, जैसे हमारे हनुमान जी की भक्ति।" बाहर

से एक ठंडी हवा का झोंका आया और आर्यव को लगा जैसे हवा में भी कोई मुस्कुरा रहा हो।

यह तो मजेदार मोड़ है! आर्यव ने दादाजी को पकड़ लिया। चलो, इस बार वाकई कुछ नया करते हैं। मैं "हनुमान और स्वर्ग के फूल की खोज" वाली कहानी को थोड़ा छोटा और सीधा कर दूँगा (क्योंकि उसमें बहुत सारी महाभारत की बातें थीं) और फिर सीधे आर्यव के सवाल और दादाजी के नए वादे पर आऊँगा।

11

हनुमान और स्वर्ग के फूल की खोज

"यहाँ आओ, मेरे छोटे, दादाजी की गोद में बैठो, और मैं तुम्हें भीम नामक एक बहुत बहादुर आदमी के बारे में एक कहानी सुनाता हूँ। तुम्हें पता है कि जब तुम खेलते हो और इधर-उधर भागते हो तो तुम कितने मजबूत होते हो? खैर, भीम और भी मजबूत था! वह इतना मजबूत था क्योंकि उसके पिता पवन देवता, वायु थे। क्या तुम कल्पना कर सकते हो कि तुम्हारे पिता पवन हों?"

एक दिन, भीम की रानी, जिसे वह बहुत प्यार करता था, कुछ खास फूल चाहती थी। कोई भी फूल नहीं, ध्यान रहे! इन्हें स्वर्ग के फूल, या दिव्य कमल कहा जाता था। वे एक हज़ार पंखुड़ियों वाले सूरज की तरह थे, जो चमकते थे और इतनी प्यारी खुशबू देते थे कि वे तुम्हें लंबे समय तक जीवित रख सकते थे और सुंदर बनाए रख सकते थे। ये फूल एक गुप्त झील में उगते थे, जो बहुत अच्छे राक्षसों द्वारा संरक्षित थी, ऐसी जगह पर जहाँ कुबेर का शासन था, जो सभी खजानों के देवता की तरह थे।

तो, भीम, एक बहादुर और प्यार करने वाले पति होने के नाते, निकल पड़े। वह हवा की दिशा में चल रहा था, जैसे वह अपने पिता का अभिवादन कर रहा हो, उसके पास एक चमकदार सुनहरा धनुष और बाण था जो फिसलते हुए साँपों की तरह दिख रहे थे। वह क्रोधित शेर की तरह आगे बढ़ रहा था, कभी थकता नहीं था, हमेशा उत्तर-पूर्व की ओर बढ़ रहा था।

भीम का घमंड और हनुमान जी की पूँछ

वह एक विशाल पर्वत पर चढ़ गया और एक जंगल में चला गया। यह कोई साधारण जंगल नहीं था; यह एक ऐसी जगह थी जहाँ राक्षस रहते थे! लेकिन वहाँ भी, उसने सुंदर पेड़, हर रंग के फूल और अद्भुत पंखों वाले पक्षी देखे। एक हल्की हवा बह रही थी, जो उन स्वर्ग के फूलों की मीठी खुशबू लेकर आ रही थी, जो आपके गाल पर आपके पापा के हाथ की तरह कोमल और

आरामदायक लग रही थी। यह वास्तव में एक सुंदर, पवित्र स्थान था।

भीम जंगल से तेज़ी से गुज़रा। वह इतना शक्तिशाली था कि उसने शाखाओं को तोड़ दिया, पेड़ों को तब तक मारा जब तक वे गिर नहीं गए, और यहाँ तक कि अपने रास्ते में आने वाले किसी भी हाथी, शेर या बाघ से लड़ा और उसे हरा दिया। उसने अपना युद्ध कवच फूंका, और आकाश काँप उठा! पूरा जंगल भय से भर गया, पहाड़ की गुफाएँ उसकी तेज़ आवाज़ से गूंज उठीं।

उस सारे शोर से वानर देवता हनुमान जी जाग गए। वह बहुत अच्छी नींद ले रहे थे! उन्होंने नींद में जम्हाई ली और फिर अपनी लंबी पूँछ को झटका, और भगवान की कृपा से, यह एक विशाल खंभे की तरह भीम के रास्ते में फैल गई! यह वानर देवता, जो भीम की तरह ही पवन देवता का पुत्र था, ने भीम को रोक दिया।

हनुमान जी ने अपनी नींद भरी लाल आँखें खोलीं और बड़बड़ाते हुए कहा, "अरे यार, मैं तो बहुत अच्छी नींद में सो रहा था, हालाँकि मैं थोड़ा बीमार हूँ। तुमने मुझे इतनी बेरहमी से क्यों जगाया? तुम कहाँ जा रहे हो? वहाँ जो पहाड़ हैं, वे देवताओं के लिए हैं, तुम्हारे लिए नहीं। तुम उनके विशेष मार्ग पर चल रहे हो। कृपया, यहाँ रुको और आराम करो; मुसीबत में मत पड़ो।"

भीम, थोड़ा नाराज़ होकर बोला, "तुम कौन हो? मैं एक योद्धा हूँ, एक क्षत्रिय हूँ, और मैं वायु का पुत्र हूँ! उठो और मुझे जाने दो, नहीं तो तुम्हें पछताना पड़ेगा!"

हनुमान जी, अभी भी नींद में थे, बोले, "मैं बीमार हूँ और हिल नहीं सकता। तुम मेरे ऊपर से क्यों नहीं कूद जाते?"

भीम ने उत्तर दिया, "मैं आपके ऊपर से नहीं कूद सकता। महान भगवान इसकी अनुमति नहीं देते। अगर ऐसा होता, तो मैं आपके ऊपर से कूद जाता, जैसे हनुमान जी ने समुद्र के ऊपर से छलांग लगाई थी, क्योंकि, आप देखिए, मैं उनका भाई हूँ!"

हनुमान जी ने तब कहा, "अच्छा, अगर आप कूद नहीं सकते, तो बस मेरी पूँछ को हिलाएँ और आगे निकल जाएँ।"

भीम ने वानर देवता की पूँछ उठाने की कोशिश की, लेकिन वह नहीं उठा सका! उसने धक्का दिया और खींचा, लेकिन वह हिली नहीं! आश्चर्यचकित होकर उसने पूछा, "तुम कौन हो? तुम वानर होने का नाटक कर रहे हो, लेकिन क्या तुम भगवान हो, या आत्मा हो, या फिर राक्षस हो?"

हनुमान जी का प्रकट रूप और युगों का ज्ञान

हनुमान जी ने आखिरकार मुस्कुराते हुए कहा, "मैं वायु का पुत्र हूँ, हाँ, मैं हनुमान हूँ। और तुम, मेरे प्यारे भाई, मेरे छोटे भाई हो!"

भीम बहुत उत्साहित थे! उन्होंने कहा, "ओह, मैं समुद्र के ऊपर से छलांग लगाते समय तुम्हारे द्वारा धारण किए गए अद्भुत रूप को देखना चाहूँगा!"

हनुमान जी थोड़ा उदास दिखे। "मेरे प्यारे भाई," उन्होंने कहा, "उस समय दुनिया बहुत अलग थी। तुम वह रूप नहीं देख सकते जो मैं पहले था। चीजें बदलती रहती हैं, तुम देखते हो। पहले युग में, जिसे कृत युग कहा जाता था, चीजें एक तरह से थीं, फिर त्रेता युग में, वे फिर से बदल गईं। द्वापर युग के साथ और भी बड़े बदलाव आए, और अब, इस युग में, सब कुछ छोटा और कम भव्य होता जा रहा है, और मैं वह नहीं रहा जो मैं पहले था। भगवान, अच्छे लोग, और बाकी सब कुछ बदल गया है। मैं भी समय के साथ बदल गया हूँ।"

भीम ने उत्सुकता से कहा, "ओह, कृपया मुझे इन विभिन्न युगों के बारे में बताओ, हनुमान जी! मुझे वह सब बताओ जो तुम जानते हो।"

फिर हनुमान जी ने उन्हें युगों, या दुनिया के युगों के बारे में एक अद्भुत कहानी सुनाना शुरू किया: "कृत युग, पूर्ण युग नामक समय की कल्पना करो। यह सही था क्योंकि अच्छा होने का केवल एक ही तरीका था, और हर कोई संत था। लोगों को विशेष प्रार्थना करने की भी आवश्यकता नहीं थी क्योंकि वे पहले से ही इतने महान थे। अच्छाई कभी खत्म नहीं हुई, और हमेशा पर्याप्त लोग थे। कोई देवता या राक्षस नहीं थे, कोई बुरी आत्मा नहीं थी। लोग चीजें खरीदते या बेचते भी नहीं थे! कोई गरीब या अमीर नहीं था, और किसी को भी कड़ी मेहनत करने की ज़रूरत नहीं थी क्योंकि उन्हें बस चाहने से ही वह सब मिल जाता था जो वे चाहते थे! सबसे अच्छी बात यह थी कि दुनिया से कुछ भी न चाहा जाए। इस युग में, कोई बीमारी नहीं थी, कोई बूढ़ा या कमजोर नहीं था, कोई नफरत नहीं थी, कोई मतलबीपन नहीं था, कोई उदास विचार नहीं था, कोई डर नहीं था। हर कोई वास्तव में खुश हो सकता था। दुनिया की महान आत्मा, नारायण, श्वेत थे, और हर कोई उन्हें देखता था और उनके जैसा बनना चाहता था। इस महान आत्मा से जुड़ना उस पूर्ण युग में एकमात्र धर्म था।"

"फिर त्रेता युग आया। इस युग में, लोगों ने बलिदान देना शुरू कर दिया, और विश्व आत्मा लाल हो गई। अच्छाई थोड़ी कम हो गई, एक चौथाई कम। लोगों ने सत्य की तलाश शुरू की और विशेष धार्मिक अनुष्ठान किए। उन्हें चीजें देकर और अच्छे कर्म करके जो चाहिए था वह मिल गया।"

"उसके बाद द्वापर युग था। विश्व आत्मा पीली हो गई। और अच्छाई? इसे आधा कर दिया गया! वेद कहलाने वाली पवित्र पुस्तकें, जो कृत युग में सिर्फ़ एक किताब थी, अब चार भागों में विभाजित हो गई थीं। कुछ लोग चारों को जानते थे, लेकिन दूसरे सिर्फ़ तीन या सिर्फ़ एक को जानते थे। लोगों के दिमाग उतने मज़बूत नहीं थे, सत्य उतना आम नहीं था, और लोग ज़्यादा चाहते थे और बीमार हो गए, और बुरी चीज़ें होने लगीं। इस वजह से, लोगों को अपनी गलतियों

की भरपाई करने के लिए मुश्किल काम करने पड़े। यह एक ऐसा युग था जहाँ ज़्यादा बुरी चीज़ें होती थीं।"

"और अब, मेरे प्यारे भाई," हनुमान जी ने आह भरी, "हम अब कलियुग के प्रसंग में आते हैं। विश्व आत्मा मलिन है। यह लौह युग की तरह है, और सिर्फ़ एक छोटी सी अच्छाई बची है, सिर्फ़ एक चौथाई। दुनिया मुसीबतों से भरी है, लोग शरारती हो जाते हैं, बीमारियाँ आती हैं, और सभी प्राणी कमज़ोर हो जाते हैं। जब लोग अच्छे काम करने की कोशिश भी करते हैं, तो कभी-कभी इसके बजाय बुरी चीज़ें हो जाती हैं। सब कुछ बदलता है, और हममें से जो कई युगों तक जीवित रहते हैं, उन्हें भी बदलना पड़ता है।"

दिव्य कमल और यात्रा का अंत

भीम को युगों के बारे में सब कुछ बताने के बाद, हनुमान जी ने उसे वापस जाने के लिए कहा। लेकिन भीम ने जिद्दी होते हुए कहा, "मैं तब तक नहीं जा सकता जब तक मैं उस अद्भुत आकार को नहीं देख लेता जिसमें तुम पहले थे!" हनुमान जी ने देखा कि उनका भाई इसे कितना चाहता था, इसलिए उसे दिखाने का फैसला किया। वह बढ़ता गया और बढ़ता गया और बढ़ता गया जब तक कि वह एक विशाल पर्वत जितना लंबा नहीं हो गया! वह एक विशाल सुनहरे शिखर की तरह लग रहा था, जो सूरज की तरह चमक रहा था! "मैं चाहूँ तो और भी बड़ा और लंबा हो सकता हूँ!" उन्होंने जोर से कहा।

अपनी अद्भुत शक्ति दिखाने के बाद, हनुमान जी ने भीम से कहा कि वह अपने रास्ते पर जा सकता है, और उनके पिता, पवन देवता वायु, उसे सुरक्षित रखेंगे। इसलिए, भीम पवित्र पर्वत की खूबसूरत, फूलों से भरी ढलानों की ओर बढ़ता रहा। अंत में, वह कुबेर की दिव्य कमल झील पर पहुँच गया। यह पेड़ों से छायांकित था और सुंदर लिली से घिरा हुआ था। पानी की सतह सुनहरे कमल से ढकी हुई थी, जिसके तने लैपिस नामक एक सुंदर नीले पत्थर से बने थे।

अचानक, बड़ी आँखों वाले यक्ष भीम को रोकने के लिए बाहर आए! लेकिन हमारा बलवान भीम बहुत शक्तिशाली था। उसने उनमें से कई को हरा दिया, और बाकी डर कर भाग गए। उसने झील का पानी पिया, जिससे वह और भी शक्तिशाली हो गया, और फिर उसने अपनी प्यारी रानी के लिए वे सभी सुंदर दिव्य कमल एकत्र किए।

और यही, मेरे प्यारे, भीम को स्वर्ग के फूल कैसे मिले, इसकी कहानी है! क्या यह एक अद्भुत साहसिक कार्य नहीं है? आपको क्या लगता है कि भीम ने सबसे बहादुरी भरा काम क्या किया था?

"लेकिन दादाजी, क्या यह धोखा नहीं है? आप मुझे वही कहानी सुनाते हैं जो आपने कल सुनाई थी।"

दादाजी ने आँखें झपकाईं, फिर हँसे। "क्या ऐसा है? मैं वास्तव में बूढ़ा हो रहा हूँ। कल मैं आपको कुछ अलग बताऊँगा। हम चीन जाएँगे और दूसरे हनुमान से मिलेंगे।"

12

श्री संकट मोचन हनुमानाष्टक

बाल समय रवि भक्ष लियो तब, तीनहुं लोक भयो अँधियारो।
ताहि सों त्रास भयो जग को, यह संकट काहु सों जात न टारो॥
देवन आनि करी विनती तब, छांड़ि दियो रवि कष्ट निहारो।
को नहिं जानत है जग में कपि, संकटमोचन नाम तिहारो॥ 1 ॥

बालि की त्रास कपीस बसै गिरि, जात महाप्रभु पंथ निहारो॥
चौंकि महामुनि शाप दियो तब, चाहिये कौन विचार विचारो।
कै द्विज रुप लिवाय महाप्रभु, सो तुम दास के शोक निवारो॥ 2 ॥

अंगद के संग लेन गए सिय, खोज कपीस यह बैन उचारो।
जीवत न बचिहों हम सों जु, बिना सुधि लाए इहां पगु धारो।
हेरि थके तट सिंधु सबै तब, लाय सिया सुधि प्राण उबारो॥ 3 ॥

रावण त्रास दई सिय को तब, राक्षसि सों कहि सोक निवारो।
ताहि समय हनुमान महाप्रभु, जाय महा रजनीचर मारो।
चाहत सीय अशोक सों आगि सु, दे प्रभु मुद्रिका सोक निवारो॥ 4 ॥

बाण लग्यो उर लक्ष्मण के तब, प्राण तजे सुत रावण मारो।
लै गृह वैघ सुषेन समेत, तबै गिरि द्रोण सु-बीर उपारो।
आनि संजीवनी हाथ दई तब, लक्ष्मण के तुम प्राण उबारो॥ 5 ॥

रावण युद्ध अजान कियो तब, नाग की फांस सबै सिरडारो।
श्री रघुनाथ समेत सबै दल, मोह भयो यह संकट भारो।
आनि खगेस तबै हनुमान जु, बन्धन काटि सुत्रास निवारो॥ 6 ॥

बन्धु समेत जबै अहिरावण, लै रघुनाथ पाताल सिधारो।
देवहिं पूजि भली विधि सों बलि, देउ सबै मिलि मंत्र विचारो।
जाय सहाय भयो तबही, अहिरावण सैन्य समैत संहारो॥ 7 ॥

काज किये बड़ देवन के तुम, वीर महाप्रभु देखि विचारो।
कौन सो संकट मोर गरीब को, जो तुमसो नहिं जात है टारो।
बेगि हरौ हनुमान महाप्रभु, जो कछु संकट होय हमारो॥ 8 ॥

॥ दोहा ॥

लाल देह लाली लसे, अरु धरि लाल लंगूर।
बज्र देह दानव दलन, जय जय जय कपि सूर।

13

चीन में वानर राज भगवान: सन वुकोंग

वानर राज भगवान सिर्फ़ भारत के नायक नहीं हैं—उनकी किंवदंती सीमाओं के पार भी उसी तरह से फैली जैसे उन्होंने महासागरों को पार किया था। हिमालय से लेकर चीन तक, कंबोडिया में मंदिर की नक्काशी से लेकर इंडोनेशिया में जंगल की भित्तिचित्रों तक, हनुमान—या उनके संस्करण—कहानियों में दिखाई देते हैं। आज रात, दादाजी अलग तरह से मुस्कुराते हैं। जैसे कि वे अपनी शॉल की जेब में कोई रहस्य छिपा रहे हों।

जब उस रात आर्यव ने दादाजी के कुर्ते को खींचा, तो उन्होंने बहुत गंभीरता से कहा, "नहीं बेबी कृष्ण। नहीं गणेश। सिर्फ़ हनुमान।"

दादाजी ने भौंहें चढ़ाईं। "लेकिन क्या होगा अगर हनुमान जी के दूसरे देशों में चचेरे भाई होते?"

आर्यव ने पलकें झपकाईं। "चचेरे भाई?"

"खैर, खून से नहीं," दादाजी ने आँखें चमकाते हुए कहा। "लेकिन किंवदंती से। मैं तुम्हें उस समय के बारे में बताता हूँ जब हनुमान जी ने सिर्फ़ समुद्र ही नहीं... बल्कि आस्था की सीमाएँ भी पार कीं।"

चीन का हीरो: सन वुकोंग - वानर राज राजा

आर्यव, कुर्सी में गहराई से लिपटा हुआ था, उसने सिर हिलाया, सुनहरे बालों वाले वानर की कहानी सुनने से अभी भी उसकी आँखें चौड़ी थीं।

"ठीक है," दादाजी ने कहा, उनके होठों पर एक षड्यंत्रकारी मुस्कान थी, "बहुत दूर, ड्रेगन और प्राचीन जादू की भूमि में, एक और वानर राज रहता था। लेकिन यह कोई साधारण वानर राज नहीं था, यह हनुमान जी का ही छोटा सा अंकुर था। यह सन वुकोंग था, जो फूल-फल पर्वत पर एक जादुई पत्थर से पैदा हुआ था। वह शुद्ध, चमकदार शरारत की आतिशबाजी की तरह चमकीला और भड़कीला निकला!"

"वह एक ऐसा वानर था, जो अगर सावधान 'मुझे छूना नहीं' का संकेत देखता, तो तुरंत सोचता कि वह कितने तरीकों से इसे छू कर देख सकता है, इसे दबा सकता है, और शायद किसी को देखने से पहले इसे थोड़ा चाट कर खा भी सकता है! वह बहुत होशियार, बहुत तेज़ था, और एक दर्जन सुपर बॉल से भी ज़्यादा तेज़ी से उछलता था।"

आर्यव उठ बैठा। "वह हनुमान जी जैसा है?"

"बिलकुल हनुमान जी जैसा," दादाजी ने कहा। "पत्थर से पैदा हुआ। सेनाओं से भी ज़्यादा ताकतवर। उसने एक बार स्वर्ग को ही चुनौती दी थी!"

सन वुकोंग उड़ सकता था, 72 अलग-अलग रूपों में बदल सकता था, और एक ऐसा डंडा चला सकता था जो ज़मीन से बादलों तक फैल सकता था। जाना पहचाना लग रहा है?

स्वर्ग में सन वुकोंग की शरारतें

"अब, वुकोंग, एक बहुत ही प्रतिभाशाली और उससे भी अधिक असाधारण प्रतिभा वाला प्राणी होने के नाते, स्वाभाविक रूप से, उसके लिए सबसे अच्छी जगह स्वर्ग थी! ध्यान रहे, घूमने के लिए नहीं, बल्कि एक बहुत ही महत्वपूर्ण व्यक्ति के रूप में स्वर्ग का कर्ता-धर्ता होने के लिए। मूल रूप से सभी बादलों और सितारों के बड़े मालिक जेड सम्राट ने उसे एक फैंसी-लगने वाला लेकिन वास्तव में काफी उबाऊ काम देने की कोशिश की। अमरता के आड़ू उद्यान की देखभाल करना एक ऐसा काम था जो उसे करने के लिए दिया गया था।"

दादाजी झुके, उनकी आवाज़ मज़ेदार, गुप्त फुसफुसाहट में बदल गई। "कल्पना कीजिए, आर्यव, जादुई आड़ू के बगीचे में एक वानर जो आपको हमेशा के लिए जीवित और जीवंत रखता है! यह ऐसा था जैसे आपको स्प्रिंकल्स की एक बड़ी बाल्टी भर कर दी गई हो और आपको कहा गया हो कि उन्हें एक साथ मत खाओ। वुकोंग, वुकोंग होने के नाते, बस कुछ को चबाकर नहीं खाता। अरे नहीं। उसने उन्हें कैंडी की तरह निगल लिया, फिर अमरता के सारे चमकदार अमृत को पी लिया, और फिर, बस मौज-मस्ती के लिए, एक फैंसी स्काई पार्टी में घुस गया, देवताओं के आने से पहले ही सभी स्वादिष्ट भोजन वह खा गया!"

आर्यव ने खिलखिलाकर हँसते हुए कहा कि क्रोधी देवता आकर खाली प्लेटों को देखते हुए बहुत झल्लाए होंगे।

"जैसा कि आप कल्पना कर सकते हैं, स्वर्ग का साम्राज्य खुश नहीं था। उन्होंने उसे पकड़ने के लिए बादल योद्धाओं की सेना, चमकदार कवच वाले बहादुर सेनापति और यहाँ तक कि सुपर लंबी दाढ़ी वाले देवताओं को भी भेजा। लेकिन वुकोंग? वह बस हँस रहा था! वह खुद को बहत्तर अलग-अलग चीज़ों और प्राणियों में बदल सकता था - एक पक्षी, एक मछली, यहाँ तक कि एक छोटी सी मक्खी! वह एक बादल पर कूद सकता था और एक छलांग में हजारों मील की दूरी तय कर सकता था, और वह एक सुनहरे डंडे की सहायता से लड़ता था जो वह अपने

कान के पीछे टूथपिक जितना छोटा करके रख सकता था या इतना बड़ा हो सकता था कि वह चाँद को छू सकता था!"

"वह एक छोटे, रोएँदार, अमर बवंडर की तरह था, जो आकाश में घूम रहा था, जिससे शक्तिशाली देवता ऐसे दिख रहे थे जैसे वे अपने जूतों के फीते बाँधकर हॉपस्कॉच खेल रहे हों। वे उसे पकड़ नहीं सकते थे, उसे फँसा नहीं सकते थे, और शायद उसे एक अच्छा गुदगुदी भी नहीं दे सकते थे, चाहे उन्होंने कितनी भी कोशिश की हो!"

सबसे बढ़िया लुका-छिपी और बुद्ध का पाठ

"आखिरकार," दादाजी ने कहा, उनकी आँखों में एक चंचल चमक लौट आई, "जेड सम्राट, पूरी तरह से बुद्धि से पैदल थे इसलिए उन्होंने सभी में से सबसे बुद्धिमान और सबसे सुपर-डुपर शांत प्राणी को बुलाया: भगवान बुद्ध को बुलाया। अब, बुद्ध ठहरे बड़े, शोरगुल वाले झगड़ों से दूर रहने वाले संत महात्मा। वह पूरी तरह से शांत थे और चतुराई के बारे में कुछ जानते न थे।"

"उन्होंने वुकोंग को एक साधारण चुनौती दी। 'वानर राज,' उन्होंने धीरे से कहा, 'अगर तुम कलाबाजी कर सकते हो और मेरे हाथ से बाहर निकल सकते हो, तो तुम जीत जाओगे! तुम स्वर्ग के नए मालिक हो सकते हो, यदि तुम यह करतब और कारनामा कर दिखाओ!' वुकोंग, हमेशा की तरह खुद शान और घमंड से भरा हुआ था वह उन्हें मामूली फकीर जान कर बस उपहास करता रहा। 'बहुत आसान है!' उसने सोचा। वह उछलता कूदता हुआ, एक उल्कापिंड से भी तेज़ कलाबाजी करता हुआ तब आगे बढ़ता चला गया, जब तक कि उसने पाँच विशाल, ऊँचे खंभे नहीं देखे, जैसे आकाश की ओर इशारा करते हुए वे किसी की विशाल उँगलियाँ हों।"

"यह सोचते हुए कि वह पूरी दुनिया के बिल्कुल अंत में पहुँच गया है, एक चुटीला वानर होने के नाते, उसने एक खंभे पर बड़े, ऊबड़-खाबड़ बेतरतीब अक्षरों में अपना नाम लिखा, और अतिरिक्त मस्ती के लिए, उसने दूसरे खंभे के नीचे एक छोटा सा... पोखर... बनाया। फिर वह विजयी होकर कलाबाजी करता हुआ वापस लौटा, और बुद्ध भगवान के खुले हाथ में वापस आ गया!"

"बुद्ध ने बस मुस्कुरा कर प्रसन्नता व्यक्त की। एक सौम्य, भेद भरी मुस्कान। 'नीचे देखो, वुकोंग,' उन्होंने विनम्रता से कहा। और वहाँ, बुद्ध की मध्यमा उंगली पर, वुकोंग के नाम के छोटे-छोटे शब्द थे, और उनकी अनामिका के आधार पर, एक छोटी सी बूंद... खैर, आप जानते हैं! वुकोंग ने कभी बुद्ध का हाथ भी नहीं छोड़ा था!" जो कुछ हुआ था वह कल्पना में हुआ था। नटखट वानर से भगवान की उंगली छोड़ी ही नहीं गई थी।

"उसकी बेहद बेशर्मी और दिखावे के प्रदर्शन के परिणामस्वरूप," दादाजी ने अपनी आवाज़ में एक सौम्य लेकिन दृढ़ स्वर के साथ निष्कर्ष निकाला, "बुद्ध ने बस धीरे से अपना

हाथ पलट दिया, और फूल-फल पर्वत खुद वुकोंग के लिए विशाल, पथरीला बिस्तर बन गया, जिसने उसे पाँच सौ वर्षों तक फँसाए रखा! वानर राजा के लिए पाँच लंबी, लंबी सदियाँ काफी थी ताकि वह थोड़ा कम घमंडी, थोड़ा विनम्र हो जाए, और सीखे कि सुपर मजबूत होना सुपर स्मार्ट और दयालु होने के समान नहीं है।"

"उफ़," आर्यव ने भय से मुँह सिकोड़ा। "लेकिन फिर," दादाजी ने आगे कहा, "उसे पवित्र ग्रंथों को वापस लाने की यात्रा पर एक पवित्र भिक्षु की रक्षा करने के लिए चुना गया था। और अंदाज़ा लगाइए क्या?"

"क्या?"

"वह बुद्धिमान हो गया। बहुत वफ़ादार। उसने दूसरों की सुरक्षा के लिए अपनी शरारतें छोड़ दीं। बिल्कुल हनुमान जी की तरह। वास्तव में, कई विद्वानों का मानना है कि वे एक ही मूल को साझा करते हैं - जैसे अलग-अलग शाखाओं से दो आम के फल।"

"और मेरे नन्हे आर्यव, यह तो सन वुकोंग के अद्भुत साहसिक कार्य की शुरुआत मात्र है! लेकिन हम उसकी पश्चिम की यात्रा को किसी और रात के लिए बचा कर रखेंगे। अभी के लिए, तुम क्या सोचते हो? क्या सन वुकोंग हनुमान जी से ज़्यादा चंचल चालबाज़ था, या फिर एक अलग तरह का जंगली और अद्भुत वानर था?"

14

इंडोनेशिया में हनुमान: आग का नृत्य

आर्यव अपने स्कूल से जब लौट कर घर आया तो उसके हाथ में एक आर्ट पेपर था जिसमें उसने बस एक लंबी सी पूँछ बनाई थी और उसे लहराते हुए वह बोलते हुए आया, "दादा जी देखो, मैंने मंकी गॉड की पेंटिंग बनाई है।" "दादाजी," आर्यव ने काल्पनिक विमान उड़ाते हुए एक बहुत ही मांसल वानर के अपने चित्र से ऊपर देखते हुए कहा, "पापा इंडोनेशिया जा रहे हैं! क्या वे हनुमान जी की तरह उड़कर भारत से समुद्र के पार जा रहे हैं?"

दादाजी ने ठहाका लगाया, चिंगारी की तरह एक गर्म आवाज़ थी उनकी जैसे हनुमान जी ललकार रहे हों। "ठीक है, मेरे छोटे साहसी बच्चे, मैं तुम्हारे पापा का भी पापा हूँ। तुम्हारे पापा एक बहुत ही आरामदायक विमान पर सवार हुए होंगे, वे बहुत तेज़ गर्जना के साथ पहाड़ों पर छलांग नहीं लगाएंगे। लेकिन आप खुद आज की कहानी में कुछ खास करने जा रहे हैं, क्योंकि अंदाज़ा लगाइए क्या? भले ही इंडोनेशिया बहुत दूर है, लेकिन हनुमान जी की कहानी उतनी ही ऊँची उड़ान भरती है और उतनी ही कोमलता से उनके दिलों में उतरती है जितनी हमारे दिलों में।"

हनुमान जी की कहानी का विदेश गमन

"देखो आर्यव," दादाजी ने षड्यंत्रकारी ढंग से आगे झुकते हुए कहा, "बहुत पहले, हनुमान जी की अविश्वसनीय कहानी सुनो। बहादुर, वफ़ादार, सुपर-शक्तिशाली वानर सेनापति - समुद्र पार यात्रा कर रहे हैं। इस बार उनकी पूँछ पर नहीं, बल्कि बुद्धिमान कहानीकारों और साहसी यात्रियों द्वारा उनके जीवन की कहानी दूर देश ले जाई गई। यह कथा इंडोनेशिया नामक एक खूबसूरत देश में उतरी, जो हरे-भरे द्वीपों और सक्रिय ज्वालामुखियों की भूमि है।"

"और जब वहाँ के लोगों ने हनुमान जी के बारे में सुना - समुद्र के पार उनकी विशाल छलांग, भगवान राम के प्रति उनकी अटूट निष्ठा, और अंगूठे के आकार तक सिकुड़ने या पूरे

गगनचुंबी इमारत से भी बड़ा होने की उनकी अद्भुत क्षमता के बारे में सुना तो उन्हें कहानी सिर्फ़ पसंद ही नहीं आई; बल्कि उन्हें यह बहुत पसंद आई! उन्होंने उन्हें सिर्फ़ एक शक्तिशाली नायक के रूप में नहीं देखा, बल्कि एक बुद्धिमान और अच्छी आत्मा, एक सच्चे ऋषि के रूप में देखा।"

"इंडोनेशिया में, खास तौर पर बाली द्वीप पर, हनुमान जी सिर्फ़ किसी पुरानी पुस्तक या महाकाव्य के पात्र भर नहीं हैं। वे एक प्यारे परिवार के सदस्य, एक बहुत सम्मानित बुजुर्ग और एक शक्तिशाली रक्षक की तरह हैं। वे अक्सर उन्हें महात्मा कहते हैं, जिसका अर्थ है 'महान आत्मा', और वे उन्हें सुंदर मूर्तियों, सुंदर नृत्यों और रोमांचक नाटकों से सम्मानित और स्मरण करते हैं।"

आग का नृत्य: केकक

"आर्यव, हनुमान जी के कारनामों को अद्भुत, चमकदार वेशभूषा में नर्तकियों को अभिनय करते हुए अपने ख्यालों में देखें! वहाँ के अभिनेता अपनी अविश्वसनीय शक्ति, अपनी चतुराई और यहाँ तक कि अपने मज़ेदार, चुटीले पलों को भी अभिनय करके दिखाते हैं। वहाँ के बच्चे उनकी वफ़ादारी और बहादुरी के बारे में सब कुछ जानते हुए बड़े होते हैं, ठीक वैसे ही जैसे आप अपने पसंदीदा सुपरहीरो के बारे में जानते हैं।"

"जब बाली और इंडोनेशिया में छोटे-बड़े त्योहार होते हैं, खासतौर पर उनके नए साल के दौरान, तो आप हनुमान जी की विशाल, रंगीन आकृतियों के साथ जीवंत परेड देख सकते हैं। लोग उन अभिनेताओं का उत्साहवर्धन करेंगे, क्योंकि हनुमान जी उनके लिए हर अच्छी, मजबूत और सच्ची चीज़ का प्रतिनिधित्व करते हैं। वे उनके जीवन, उनकी भक्ति और जिस तरह से उन्होंने हमेशा सही काम किया, चाहे वह कितना भी कठिन क्यों न हो, उसका जश्न मनाते हैं।"

"ऐसा लगता है कि वे कह रहे हैं, 'धन्यवाद हनुमान जी, हमें बहादुर, वफ़ादार और होशियार बनने का तरीका दिखाने के लिए!' उन्हें याद है कि कैसे उन्होंने किसी को बचाने के लिए जड़ी-बूटियों का पूरा पहाड़ उठाया था, कैसे उन्होंने शक्तिशाली राक्षसों को मात दी थी, और कैसे उन्होंने कभी हार नहीं मानी। वे सिर्फ़ एक किंवदंती नहीं हैं; वे उनके लिए एक जीवित प्रेरणा हैं, ठीक वैसे ही जैसे वे हमारे लिए हैं।"

"तो, जबकि तुम्हारे पापा हनुमान जी की तरह उड़ नहीं पाएंगे, वे निश्चित रूप से एक ऐसी जगह जा रहे हैं जहाँ हनुमान जी की साहस और अच्छाई की भावना ऊँची उड़ान भरती है, जिसे अभी भी सभी द्वारा सम्मानित किया जाता है और उनके जीवन और जीवंत कार्यों का जशन मनाया जाता है। क्या यह कुछ खास नहीं है, मेरे छोटे जुगनू?"

"अब," दादाजी ने एक छोटी अगरबत्ती जलाते हुए कहा। "बाली द्वीप में, जहाँ ज्वालामुखी सोते हैं और समुद्र चाय की तरह गर्म हो जाया करता है, हनुमान जी एक नर्तक की तरह नाचते-

गाते हैं।"

"एक नर्तक?" आर्यव ने अपनी नाक सिकोड़ी।

"ओह हाँ," दादाजी ने हँसते हुए कहा। "प्रसिद्ध केकक नृत्य में, सैकड़ों पुरुष बंदरों की तरह 'चक-चक-चक' का जाप करते हैं, जबकि सफ़ेद पोशाक पहने हनुमान जी आग में छलांग लगाते हैं, वही कहानी सुनाते हैं जो हम जानते हैं—लंका दहन की ओर उनकी छलांग, उनकी जलती हुई पूँछ, उनका प्रेम का संदेश। सब कुछ अपने निराले ढंग में।"

आर्यव मुस्कुराया। "तो वहाँ के दूसरे बच्चे भी हनुमान जी को जानते हैं?"

"सिर्फ़ बच्चे ही नहीं, बेटा। बड़े-बड़े लोग, दादियाँ-नानियां और नर्तक से लेकर किसान और सभी कद्रदान - सभी उनका सम्मान करते हैं। वे सिर्फ़ भगवान नहीं हैं। वे एक सबक हैं—सेवा, शक्ति और वफ़ादारी का।"

15

केसरीनंदन की गूँज: दक्षिण-पूर्व एशिया

"दादाजी," आर्यव ने पूछा, अपनी आँखें मूँदकर, "तो हनुमान जी सिर्फ़ भारत, चीन और इंडोनेशिया में ही नहीं हैं? क्या वे और भी जगहों पर हैं?"

दादाजी ने प्यार से आर्यव के बालों को सहलाया। "आह, मेरे छोटे जुगनू, हनुमान जी का प्रेम और उनकी शक्ति इतनी विशाल है कि वह किसी एक देश की सीमाओं में नहीं बँध सकती। उनकी कहानी तो हवा की तरह है, जो हर जगह पहुँचती है, और सूरज की रोशनी की तरह है, जो हर कोने को रोशन करती है।"

"कल्पना करो, आर्यव, कि कैसे एक छोटी सी चिंगारी जंगल में आग लगा सकती है। वैसे ही, हनुमान जी की भक्ति और बहादुरी की कहानियाँ भारत से निकलकर दूर-दूर के देशों में फैल गईं। लोग उनकी निस्वार्थ सेवा, उनकी असीम शक्ति और उनके अटूट प्रेम से इतने प्रभावित हुए कि उन्होंने अपनी-अपनी कहानियों और कला में उन्हें जगह दी।"

दक्षिण-पूर्व एशिया में हनुमान जी

"हमने इंडोनेशिया के बारे में बात की, जहाँ वे उन्हें 'महात्मा' कहते हैं और उनके सम्मान में आग का नृत्य करते हैं। लेकिन इंडोनेशिया के अलावा, हमारे पड़ोसी देश जैसे थाईलैंड, मलेशिया, कंबोडिया और लाओस में भी हनुमान जी की कहानियाँ बहुत लोकप्रिय हैं।"

"थाईलैंड में, रामायण को 'रामकियन' कहते हैं, और वहाँ हनुमान जी को एक बहुत ही महत्वपूर्ण और प्यारे नायक के रूप में देखा जाता है। वहाँ के मंदिरों में, तुम हनुमान जी की सुंदर मूर्तियों और चित्रों को देख सकते हो। वे उन्हें एक बहादुर योद्धा और एक चतुर दूत के रूप में पूजते हैं।"

"कंबोडिया में, प्रसिद्ध अंगकोर वाट मंदिर की दीवारों पर रामायण के दृश्य उकेरे गए हैं, और उनमें तुम हनुमान जी को लंका दहन करते हुए या संजीवनी बूटी लाते हुए देख सकते हो।

वहाँ के लोग भी उनकी बहादुरी और वफ़ादारी का सम्मान करते हैं।"

"लाओस में भी, रामायण का अपना संस्करण है, जिसे 'फ्रा लाक फ्रा लाम' कहा जाता है, और हनुमान जी वहाँ भी एक शक्तिशाली और पूजनीय पात्र हैं। इसी तरह, मलेशिया में भी, रामायण के लोकगीतों और कठपुतली शो में हनुमान जी की कहानियाँ सुनाई जाती हैं।"

हनुमान जी का वैश्विक प्रभाव

"इन देशों में, हनुमान जी सिर्फ़ एक पौराणिक पात्र नहीं हैं, बल्कि वे वहाँ की संस्कृति, कला और जीवन का एक अभिन्न अंग बन गए हैं। उनके नाम पर नृत्य होते हैं, नाटक खेले जाते हैं, और बच्चे उनकी कहानियाँ सुनकर बड़े होते हैं।"

"और जानते हो, आर्यव, कुछ लोग तो यह भी मानते हैं कि कलियुग में हनुमान जी आज भी तिब्बत में स्थित गंधमादन पर्वत पर निवास करते हैं। यह एक रहस्यमय और पवित्र स्थान है, जहाँ वे आज भी अपने भक्तों को आशीर्वाद देते हैं।"

"तो देखा, मेरे प्यारे, हनुमान जी की कहानियाँ सिर्फ़ किताबों तक सीमित नहीं हैं। वे लोगों के दिलों में बसी हैं, और सीमाओं को पार करके दुनिया के कोने-कोने में फैल गई हैं। उनकी बहादुरी, उनकी भक्ति और उनकी निस्वार्थ सेवा का संदेश हर जगह गूँजता है।"

"यह दर्शाता है कि सच्ची अच्छाई और प्रेम की कोई सीमा नहीं होती, है ना?" दादाजी ने प्यार से आर्यव के गाल पर थपथपाया।

16

थाई हनुमान: रसिया राजकुमार

"दादाजी, तो हनुमान हर जगह प्रसिद्ध हैं?" आर्यव ने आश्चर्य से आँखें फैलाते हुए पूछा। "क्या पापा इंडोनेशिया में उनसे मिलेंगे?"

दादाजी ने आर्यव के बालों को सहलाते हुए हँसते हुए कहा। "ठीक है, उनसे मिलना तो नहीं, छोटे, लेकिन उनकी आत्मा ज़रूर वहाँ है। और अंदाज़ा लगाइए? हनुमान जी के कारनामे सिर्फ़ इंडोनेशिया में ही नहीं रुके। उनकी कहानी इतनी अद्भुत है कि यह थाईलैंड और कंबोडिया जैसी जगहों पर भी पहुँची!"

थाईलैंड के रामकियन में हनुमान

"कल्पना कीजिए, आर्यव," दादाजी ने अपनी आवाज़ में थोड़ा नाटकीय लहज़ा लाते हुए कहा, "थाईलैंड में, हनुमान जी रामायण के उनके संस्करण में सुपरस्टार हैं, जिसे वे रामकियन कहते हैं! यह हमारी कहानियों की तरह है, लेकिन अपनी ख़ास चमक के साथ, खूबसूरत मंदिरों और सुनहरे महलों से भरी हुई।"

"रामकियन में हनुमान उतने ही शक्तिशाली और चतुर हैं, लेकिन वे थोड़े ज़्यादा... तेजस्वी भी हैं। वे सिर्फ़ योद्धा ही नहीं हैं; वे खुद भी थोड़े आकर्षक राजकुमार हैं, जो अपने सुंदर रूप और अपनी तेज़ बुद्धि के लिए जाने जाते हैं। वे भी राजकुमार राम को राजकुमारी सीता को बचाने में मदद करते हैं, लेकिन वे इसे और भी ज़्यादा स्टाइल और तशन के साथ करते हैं! वे अपने सफ़ेद फर और अपने जादुई हीरे के दाँतों के लिए मशहूर हैं, जो उनके मुस्कुराने पर चमकते हैं - या तब जब वे किसी राक्षस को मात देने वाले होते हैं!"

"थाई कलाकार उन्हें मंदिर की दीवारों पर चित्रित करते हैं, न सिर्फ़ एक शक्तिशाली सेनापति के रूप में, बल्कि एक सुंदर व्यक्ति के रूप में, कभी-कभी थोड़े चंचल फ़्लर्ट के रूप में भी। उन्हें सिर्फ़ उनकी मांसपेशियों के लिए ही नहीं, बल्कि उनकी चतुराई और उनके आकर्षक तरीकों

के लिए भी सराहा जाता है। ऐसा लगता है जैसे वे कह रहे हों, हनुमान को देखो! शक्तिशाली और सुंदर!"

हनुमान और स्वर्ण जलपरी: सुवन्नामच्छा

"अब ध्यान से सुनो, आर्यव, "दादाजी ने सुबह की ओस की तरह चमकती आँखों से कहना शुरू किया, "यह वह हनुमान जी नहीं है जिसे तुम अयोध्या से जानते हो - भयंकर योद्धा, पर्वत-उठाने वाला, तूफान का पीछा करने वाला।"

"यह रामकियन-थाई महाकाव्य का हनुमान है - अभी भी मजबूत, अभी भी बहादुर, अभी भी अपने राजा के प्रति समर्पित, लेकिन कुछ और... अतिरिक्त के साथ। वह युद्ध में नाचता है, राक्षसों से लड़ते हुए हँसता है, और कभी-कभी, आर्यव... वह प्यार में भी पड़ जाता है।"

लंका का पुल बनाने के दौरान, समुद्र में गिराई जा रही चट्टानें गायब होने लगीं। हनुमान जी ने लहरों के नीचे गोता लगाया और पाया कि एक जलपरी, जिसका नाम सुवन्नामच्छा था, अपने पिता (एक राक्षस सेनापति) के आदेश पर पत्थरों को चुरा रही थी।

"ओह, छोटी जुगनू, "दादाजी ने हँसते हुए कहा, "हनुमान जी ने उस पर मुट्ठियों से हमला नहीं किया। नहीं, नहीं। उसने छेड़खानी की! वह पानी में नाचता रहा, अपनी पूँछ घुमाता रहा और तुकबंदियाँ बोलता रहा। तलवारों के बजाय, उन्होंने नज़रें बदलीं। युद्ध के नारे लगाने के बजाय, उन्होंने हँसी साझा की।"

धीरे-धीरे, सुवन्नामच्छा का दिल बदलने लगा। उसने पत्थरों को लौटा दिया और पुल बनाने में हनुमान जी की मदद की। इस प्रेम कहानी से उनका एक बच्चा भी हुआ, जो समुद्र और आकाश दोनों की शक्तियों से युक्त था।

17

कंबोडियाई रीमकर हनुमान: नर्तक योद्धा

"और फिर, कंबोडिया में," दादाजी ने अपनी आवाज़ थोड़ी धीमी करते हुए कहा, "उनके पास रामायण का अपना संस्करण है जिसे रीमकर कहा जाता है। यहाँ, हनुमान जी उतने ही केंद्रीय हैं, उनके भव्य नृत्यों और छाया कठपुतली नाटकों में एक सच्चे नायक।"

"कंबोडिया में, वे वास्तव में उनकी बहादुरी और उनके अविश्वसनीय युद्ध कौशल पर जोर देते हैं। वे परम योद्धा हैं, सेनाओं का नेतृत्व करते हैं और सबसे भयंकर राक्षसों का सामना करते हैं। हनुमान जी की विशाल, जटिल पत्थर की नक्काशी की कल्पना करें, जिसमें वे युद्ध में कूदते हैं, उनकी पूँछ घूमती है, उनकी मुट्ठियाँ तैयार हैं! वे उन्हें शक्ति और अटूट निष्ठा के प्रतीक के रूप में दिखाते हैं, जो उनके राजाओं और योद्धाओं के लिए साहस का प्रतीक है।"

"रीमकर में हनुमान जी हमें कुछ बहुत खास सिखाते हैं। ताकत हमेशा ज़ोरदार नहीं होती। भक्ति हमेशा स्थिर नहीं होती। और एक नर्तक के हाथों में युद्ध, कुछ पवित्र बन सकता है।"

मच्छानु का जन्म और भ्रम का युद्ध

"समुद्र और आकाश से पैदा हुआ मच्छानु (सुवन्नामच्चा और हनुमान जी का पुत्र), शक्तिशाली था लेकिन अपनी पहचान को लेकर भ्रमित था। हनुमान जी ने उसे जमीन और समुद्र के बीच संतुलन साधना सिखाया - उद्देश्य की छलांग, स्थिरता का भार, और लहर का दर्पण।"

"युद्ध के दौरान, हनुमान जी ने क्रोंग रीप (रावण) को भ्रमित करने के लिए अपनी रूप बदलने की क्षमता का इस्तेमाल किया। वह बूढ़े भिक्षु, सुनहरे हिरण, विशाल चील और अंत में एक सफेद छाया बन गए, जो सत्य का रंग था। उन्होंने महल के हज़ार दर्पणों के हॉल में राक्षसों को भ्रमित किया, और अपनी पूँछ में आग लगाकर महल में प्रकाश बुना - विनाश के लिए नहीं, बल्कि सत्य का संदेश भेजने के लिए।"

इसी बीच, हनुमान जी का सामना फिर से मच्छानु से हुआ। दोनों के बीच युद्ध हुआ, लेकिन

उनकी आँखों में सच्चाई चमक उठी और उन्होंने एक-दूसरे को पहचान लिया। हनुमान जी ने अपने हथियार डाल दिए, और पिता-पुत्र गले मिले।

हनुमान जी का अंतिम नृत्य और विरासत

"दादाजी ने अपनी भुजाओं को नर्तक की तरह मोड़ा। 'जब पर्दा गिरता है, जब कहानी समाप्त होती है, तो हनुमान जी दहाड़ते नहीं हैं,' उन्होंने धीरे से कहा। 'वे झुकते हैं। वे कला का सम्मान करते हैं। कहानी का। प्रेम का। निष्ठा का। वे हमें याद दिलाते हैं कि कभी-कभी सबसे बड़ी ताकत इस बात में नहीं होती कि हम कितना जोरदार प्रहार करते हैं... बल्कि इस बात में होती है कि हम दुनिया में कितनी खूबसूरती से आगे बढ़ते हैं।"

अंगकोर वाट मंदिर में, एक छिपे हुए स्तंभ पर हनुमान जी को लिखते हुए दर्शाया गया है - कहानियाँ, सत्य, यादें। "वह स्मृति के संरक्षक बन गए, यह सुनिश्चित करते हुए कि हर नृत्य, हर कहानी, हर प्यार जो कभी जीवित था... कभी नहीं भुलाया जा सकता।"

"तो, आर्यव," दादाजी ने पूछा, "यदि तुम हनुमान जी जैसे योद्धा बन सकते, या अंगकोर के हनुमान जी जैसे स्मृति रक्षक... तो तुम क्या बनोगे?"

आर्यव ने सोचा। और फिर खड़ा हो गया। उसने नर्तक की तरह अपने पैर जमाए। अपनी भुजाओं को लहर की तरह मोड़ा। "मैं याद करना चाहता हूँ...और फिर आगे बढ़ना चाहता हूँ।"

दादाजी हँसे, एक बार ताली बजाई। "तो तुम पहले से ही उनके पदचिन्हों पर नाच रहे हो।"

आर्यव की उत्सुकता अभी भी कम नहीं हुई थी। "क्या तुम आगे सुनना चाहोगे कि हनुमान जी अपने बेटे मच्छानु को ज़मीन और समुद्र के बीच छलांग लगाना कैसे सिखाते हैं? या इंद्र के स्वर्गीय दरबार में हनुमान जी द्वारा किए गए अंतिम नृत्य की कहानी, जहाँ देवता भी देखने के लिए खड़े होते हैं?"

आर्यव की आँखें चमक उठीं। "हाँ, दोनों!"

"आह! बढ़िया अनुरोध है, आर्यव! तुम दोनों कहानियाँ चाहते हो—मच्छानु को मशाल सौंपना, और देवताओं के सामने हनुमान जी का अंतिम दिव्य नृत्य। यही सच्चे साधक की भावना है: कहानियों की प्यास, आश्चर्य की भूख!"

"तो पास आओ, दादाजी की आवाज़ वानर राज की तरह उछलेगी और समुद्र की तरह बहेगी।"

क्या आप उस कहानी को पसंद करेंगे कि कैसे हनुमान को एक बार एक ऋषि ने श्राप दिया था और वे अपनी शक्तियों को भूल गए थे - जब तक कि उनके दोस्तों ने उन्हें याद नहीं दिलाया? या फिर कंबोडिया की कहानी जिसमें अंगकोर की जड़ों के नीचे गुप्त रूप से प्रशिक्षित श्वेत वानर राज सेना के बारे में बताया गया है?

आग अभी बुझी नहीं है। बस इंतज़ार ....

18

कंचन बरन हनुमान बनाम अंगकोर वाट के श्वेत वानर

"अब, आर्यव, यह एक ऐसी पुरानी कहानी है जिसे अंगकोर की जड़ें भी हवा में फुसफुसाती हैं... एक ऐसी कहानी जो बहुत कम लोग जानते हैं - जो स्क्रॉल पर नहीं लिखी गई है, हमेशा दरबार में नहीं नाची जाती - लेकिन मेरे जैसे दादाओं के मुँह से, तुम्हारे जैसे कानों तक पहुँची, जो चाँद की तरह चौड़े हैं।"

"क्या आप जानते हैं," दादाजी ने शुरू किया, उनकी आवाज़ भोर से पहले एक साधु के मंत्र की तरह धीमी थी, "कि जब हनुमान जी लंका के लिए महान पुल का निर्माण कर रहे थे, तो वे अकेले काम नहीं कर रहे थे?"

"नहीं?" आर्यव झुक गया, उसकी आँखें चमक रही थीं।

"नहीं," दादाजी मुस्कुराए। "उनके पास सफ़ेद बंदरों की एक सेना थी - प्रतिभाशाली, भयंकर, और न केवल युद्ध में प्रशिक्षित ... बल्कि बुद्धि में भी।"

बहुत पहले, जब राम और क्रोंग रीप (रावण) के बीच युद्ध की स्थिति थी, हनुमान जी को पता था कि उन्हें ताकत से ज़्यादा की ज़रूरत होगी। दुश्मन के पास काला जादू और छायादार जानवर थे।

इसलिए वह जंगल में गायब हो गए, जो अब अंगकोर वाट के नीचे है, गुप्त गुफाओं में जहाँ उन्होंने एक छिपी हुई सेना को प्रशिक्षित किया। ये सिर्फ़ योद्धा ही नहीं, बल्कि युद्ध के कलाकार थे। उन्हें बिना आवाज़ के छलांग लगाना, बिना क्रोध के लड़ना, और मौन से बोलना सिखाया गया था। वे अंगकोर के सफ़ेद भूत थे - तेज़, चतुर और चाँदनी में छिपे हुए।

महान तीन परीक्षण और कानाफूसी पुल की लड़ाई

इस सेना में शामिल होने के लिए, हर वानर को तीन पवित्र परीक्षणों से गुज़रना पड़ता था:

1. स्थिरता का परीक्षण: बिना किसी हिचकिचाहट के कोबरा के घेरे में बैठना।

2. प्रकाश का परीक्षण: आँखों पर पट्टी बाँधकर अँधेरी सुरंगों से रास्ता खोजना।

3. दया का परीक्षण: युद्ध में दुश्मन को हराकर भी उसकी जान बख्श देना।

केवल नौ वानर ही इन परीक्षणों में पास हुए। हनुमान जी ने उन्हें अपने "नवंगकुलक वानर राज सेनापति" कहा - उनके पवित्र नौ।

जब क्रोंग रीप की सेना ने हनुमान जी के पुल को नष्ट करने की कोशिश की, तो सफेद वानर सेना ने हमला किया - दहाड़ से नहीं, बल्कि खामोशी से। वे पेड़ों से गिरती हुई पंखुड़ियों की तरह उछल पड़े, अप्सराओं की तरह हवा में घूमते थे, और उनके ब्लेड फुसफुसाते थे। उन्होंने दुश्मनों को हरा दिया, लेकिन उनके लिए कोई नाम नहीं गाया गया। युद्ध जीतते ही वे किंवदंती में गायब हो गए।

छिपा हुआ रहस्य और अंतिम फुसफुसाहट

"क्या तुमने कभी अंगकोर वाट के सबसे अंधेरे कोनों में खुदे हुए बंदरों को देखा है?" दादाजी ने आर्यव से पूछा।

आर्यव ने धीरे से सिर हिलाया। "हाँ... लेकिन वे छोटे हैं। छिपे हुए हैं।"

"बिल्कुल," दादाजी ने पलक झपकाते हुए कहा। "इस तरह से तुम जानोगे कि वे असली हैं। छिपे हुए नायकों को मूर्तियों की ज़रूरत नहीं होती - उन्हें छात्रों की ज़रूरत होती है।"

और फिर उन्होंने आर्यव को पीले पत्थर से उकेरा गया एक छोटा वानर राज का मुखौटा दिया। "यह क्या है?"

"एक कटोंच, एक गिफ्ट" दादाजी ने कहा। "वह शक्ति हमेशा दहाड़ती नहीं है। कभी-कभी यह चुपचाप चलती है, छाया से बचाती है, और काम पूरा होने पर गायब हो जाती है।"

और कुछ कहते हैं... जब कोई नर्तक खोन (कंबोडिया का मुखौटा नृत्य) में प्रशिक्षण लेता है, अगर उनका दिल शुद्ध है और उनका उद्देश्य सच्चा है, तो पुराने जनरलों में से एक आत्मा में प्रकट होता है, जो उनके आंदोलनों का मार्गदर्शन करता है। उनके कान में एक फुसफुसाहट जो कहती है: "तुम अकेले नहीं नाच रहे हो। तुम हम सभी के लिए नाच रहे हो।"

"तो, मेरे बहादुर छोटे आर्यव," दादाजी पीछे झुके, "अगर कभी तुम खुद को किसी छायादार जगह पर पाओ... तो व्हाइट मंकी आर्मी को याद रखना। उन्होंने गौरव के लिए लड़ाई नहीं लड़ी। उन्होंने लड़ाई लड़ी क्योंकि सत्य को ऐसे रक्षकों की ज़रूरत है जिन्हें किसी नाम की ज़रूरत नहीं है।"

और आर्यव?

उसने मुखौटा पकड़ लिया।

और मुस्कुराया।

19

सकलगुण निधान : संगीत प्रेमी हनुमान

"आह... अब यह एक ऐसी कहानी है जिसे ज़्यादातर लोग भूल जाते हैं, आर्यव। वानर राज राजा के गायब होने वाले ढोल की कथा युद्ध या प्रेम या यहाँ तक कि जादू के बारे में नहीं है - सामान्य अर्थों में नहीं। यह ध्वनि के बारे में एक कहानी है। लय के बारे में। और इस बारे में कि कैसे सत्य तब भी प्रतिध्वनित हो सकता है जब कोई और इसे नहीं सुनता। तो झुक जाओ, मेरे छोटे श्रोता। दुनिया को शांत होने दो। क्योंकि यह कहानी शुरू होती है... धमाके से नहीं, बल्कि धड़कन से।"

एक ऐसा ढोल जो वहाँ नहीं था

एक बार, जब महान युद्ध समाप्त हो गए थे, और हनुमान जी ने देवताओं के लिए नृत्य किया था, और सफेद वानर राज सेना वापस छाया में चली गई थी... वहाँ सन्नाटा था। कोई युद्ध नहीं, कोई पुल बनाने की ज़रूरत नहीं, कोई राक्षस को चकमा देने की ज़रूरत नहीं। हनुमान जी, पहली बार,... ऊब गए थे।

इसलिए वे पुराने वन मंदिर में गए जहाँ समय धीमी गति से चलता था और पेड़ हवा में कहानियाँ सुनाते थे। और वहाँ, एक गाते हुए अंजीर के पेड़ की जड़ों के नीचे, उन्होंने इसे पाया: एक ढोल।

यह सरल था। छोटा। अजीब लकड़ी से बना जो चाँदनी और छाया की तरह चमकता था। हनुमान जी ने इसे उठाया और हँसे, "एक ढोल वाला वानर राज! क्या मैं अब एक बैंड शुरू करूँ?"

उन्होंने इसे एक बार मारा। धमाका। धरती काँप उठी।

उन्होंने इसे फिर से मारा। धमाका। पक्षियों ने गाना बंद कर दिया। हवा भी रुक गई थी।

लेकिन जब उन्होंने नीचे देखा - ढोल गायब था। उनके हाथों से गायब हो गया। नज़रों से

ओझल हो गया। कोई आवाज़ नहीं। कोई प्रतिध्वनि नहीं। कुछ नहीं।

उन्होंने कंधे उचका दिए। शायद यह कोई चाल थी। लेकिन उस रात... उन्होंने इसे सुना। एक हल्की धड़कन... उनके सीने के अंदर से। धमाका...धमाका...धमाका... दिल की धड़कन नहीं। कुछ पुराना।

एक ढोल जो सिर्फ़ सत्य ही बजा सकता है

अगले दिन, हनुमान जी ने फिर कोशिश की। अंजीर के पेड़ के नीचे, सूर्योदय की तरह शांत बैठे। अचानक - वह वहाँ था। ढोल।

उन्होंने फिर से बजाने की कोशिश की। कुछ नहीं। कोई आवाज़ नहीं। कोई प्रतिध्वनि नहीं।

जब उन्होंने अपनी आँखें बंद कीं, शांति से बैठे, और अपने भीतर से एक सच बोला, तभी ढोल फिर से बज उठा।

"मैं नहीं जानता कि युद्ध के बिना मैं क्या हूँ," हनुमान जी फुसफुसाए।

धमाका। पेड़ों ने प्रतिध्वनि की। ढोल की आवाज़ इतनी गहरी थी कि मंदिर के खंडहरों से धूल हिल गई।

उन्हें कुछ एहसास हुआ: यह ढोल तभी सुनाई देता है जब कोई ऐसा सच कहता है जिसे वह स्वीकार नहीं करना चाहता। एक ऐसा सच जो इतना ईमानदार है...इससे थोड़ी तकलीफ़ होती है।

20

तिहुं लोक उजागर : आंतरिक लय

"दादाजी," आर्यव फुसफुसाया, "तो हनुमान जी ने और कौन से सच बोले उस ढोल पर?"

दादाजी ने एक गहरी साँस ली, जैसे जंगल की पुरानी हवा भर रहे हों। "आह, मेरे प्यारे, हनुमान जी ने उस ढोल पर बहुत से ऐसे सच बोले, जो उनके अपने दिल में गहरे दबे हुए थे। यह ढोल सिर्फ़ आवाज़ नहीं करता था, यह आत्मा को जगाता था।"

हनुमान जी के सच्चे वचन

हर दिन, हनुमान जी उस अंजीर के पेड़ के नीचे बैठते थे। ढोल उनके सामने प्रकट होता, और हनुमान जी अपनी आँखें बंद करके अपने अंदर के उन विचारों को बाहर निकालते, जिन्हें वे कभी स्वीकार नहीं कर पाते थे:

"मैं हमेशा भगवान राम के जितना महान बनने की कोशिश करता हूँ, लेकिन क्या मैं कभी उनके जैसा बन पाऊँगा?"

धमाका!

"कभी-कभी, जब मैं अकेला होता हूँ, तो मुझे शक्ति नहीं, बल्कि बस शांति चाहिए।"

धमाका!

"क्या मेरा सारा बल सिर्फ़ दूसरों की सेवा के लिए है, या मेरे अपने लिए भी कुछ है?"

धमाका!

हर बार जब वह कोई ऐसा सच बोलते, जो उनके गर्व को थोड़ा चोट पहुँचाता, जो उनकी पहचान को थोड़ा हिलाता, तो ढोल ज़ोर से बजता। उसकी गूँज पूरे जंगल में फैल जाती, पेड़ों को हिला देती, और हवा में एक अजीब सी ऊर्जा भर देती।

यह ढोल हनुमान जी को सिखा रहा था कि सच्ची ताकत सिर्फ़ बाहरी युद्धों में नहीं होती, बल्कि अपने अंदर के सच का सामना करने में भी होती है। यह उन्हें सिखा रहा था कि एक योद्धा

को भी अपनी भावनाओं को स्वीकार करना चाहिए।

ढोल का गायब होना और आंतरिक लय

धीरे-धीरे, दिन-हफ्ते-महीने बीत गए। हनुमान जी हर दिन ढोल पर अपने सच बोलते रहे। उनके शब्द कम होते गए, और उनकी शांति बढ़ती गई। ढोल की गूँज भी बदल गई। वह अब भयानक धमाका नहीं थी, बल्कि एक गहरी, शांत धड़कन थी, जो पूरे ब्रह्मांड की लय से मिलती-जुलती थी।

फिर एक दिन, जब हनुमान जी उस ढोल पर बैठे, उन्होंने कोई शब्द नहीं बोला। उन्होंने बस अपनी आँखें बंद कीं, अपने दिल की गहराइयों से एक मौन सच को महसूस किया: "मैं वही हूँ जो मैं हूँ, और यही काफ़ी है।"

कोई आवाज़ नहीं आई। कोई धमाका नहीं हुआ।

जब उन्होंने अपनी आँखें खोलीं, तो ढोल फिर से गायब था। इस बार हमेशा के लिए।

हनुमान जी ने मुस्कुराया। उन्हें पता था कि ढोल अब बाहर नहीं, बल्कि उनके अंदर था। उसकी लय अब उनके हर कदम में थी, उनके हर विचार में थी, उनके हर साँस में थी। उन्हें अब उसे सुनने के लिए किसी भौतिक ढोल की ज़रूरत नहीं थी। वह उनकी अपनी आत्मा की धड़कन बन गया था।

"तो देखा, आर्यव," दादाजी ने प्यार से आर्यव के गाल पर थपथपाया। "वानर राज राजा का गायब होने वाला ढोल हमें सिखाता है कि सबसे गहरी सीख अक्सर तब मिलती है जब हम खुद से सबसे ईमानदार होते हैं। और कभी-कभी, सबसे शक्तिशाली आवाज़ वह होती है जो हमारे अपने दिल के अंदर से आती है।"

21

मूक हनुमान : वाचाल वानर

"आह... हाँ। यह एक ऐसी कहानी है जिसे ज़्यादातर लोग कभी नहीं सुनते क्योंकि, खैर... हनुमान जी इसे खुद नहीं बता पाए।"

"देखो, आर्यव, जब हनुमान जी जैसा नायक—जो पहाड़ों की ताकत से दहाड़ता है, आकाश को हिला देने वाले मंत्र गाता है, और बुराई को चीरने वाले सत्य चिल्लाता है—अचानक चुप हो जाता है, तो दुनिया और भी ध्यान से सुनती है।"

"और यह कहानी है... जब हनुमान जी ने सात दिनों के लिए अपनी आवाज़ खो दी। यह कहानी आवाज़ की नहीं, बल्कि मौन के भीतर की ताकत की है।"

वह दहाड़ जिसने स्वर्ग को हिला दिया

युद्ध जीतने के बाद, सीता वापस लौट आईं, और रावण का शहर खंडहर हो गया, दुनिया को शांति की उम्मीद थी। लेकिन शांति, मेरी छोटी सी चिंगारी, मौन नहीं है। कभी-कभी, यह युद्ध से भी ज़्यादा तेज़ होती है।

हनुमान जी, अभी भी युवा और उद्देश्यपूर्ण, राम के नाम का जाप करते हुए, वन मंदिरों में लौट आए: "राम! राम! राम!" उनकी आवाज़ पहाड़ों में गूँज उठी। पक्षी रुक गए। नदियाँ लहरों के बीच में रुक गईं।

तब तक—अचानक—ऐसा नहीं हुआ।

वह दिन जब आवाज़ गायब हो गई

यह भोर के ठीक बाद हुआ। हनुमान जी ने अपना सुबह का भजन गाने के लिए अपना मुँह खोला, और—कुछ नहीं। एक चीख़ भी नहीं। एक आह भी नहीं। जंगल उलझन में खड़ा था। बिना शरारत के वानर राज? बिना वाणी के ऋषि? आसमान शांत हो गया मानो पंचलाइन का इंतज़ार कर रहा हो।

लेकिन हनुमान जी? वह घबरा गए। वह पहाड़ों की चोटियों पर उछले, अपने गले में नारियल फोड़े, चंद्रफूल निगले, यहाँ तक कि तोतों से भीख माँगी कि वे उसे चहचहाहट सिखाएँ। लेकिन कोई आवाज़ नहीं निकली। उनकी आवाज़ चली गई थी।

और इस तरह, पहली बार, हनुमान जी... बैठे।

शांत ज्वाला का मंदिर और ध्वनि से परे की भाषा

दो दिनों के मौन के बाद, हनुमान जी शांत ज्वाला के मंदिर में चले गए - एक पवित्र स्थान जहाँ कोई प्रार्थना ज़ोर से नहीं की जाती थी। केवल इशारे। केवल इरादा।

वहाँ, बूढ़े भिक्षुओं ने उन्हें बैठने के लिए इशारा किया। उन्होंने मंत्र नहीं चढ़ाए। उन्होंने उंगलियों, आँखों और साँस का उपयोग करके प्रार्थनाएँ बोलने के बजाय नृत्य किया। हनुमान जी, उत्सुक और हताश, देखते रहे।

और तीसरी रात, वह आखिरकार समझ गए। वाणी शक्तिशाली है। लेकिन उपस्थिति... उपस्थिति दिव्य है।

हनुमान जी को एहसास हुआ: उनकी आवाज़ वह नहीं थी जो उन्हें पवित्र बनाती थी। यह उनकी भक्ति थी। उनकी जागरूकता। उनका सत्य।

चार और दिनों तक, वह चुप रहे। लेकिन उन्होंने अपने दिल की धड़कन के साथ जप करना सीखा। अपनी साँस के साथ प्रार्थना करना। बिना शोर के प्यार करना। और उस शांति में, उन्होंने ध्वनि से कहीं अधिक गहरी चीज़ सुनी: राम का नाम, होठों से नहीं, बल्कि दुनिया की आत्मा से फुसफुसाया।

आवाज़ की वापसी

सातवें सूर्योदय पर, जब उन्होंने मंदिर की लौ पर चमेली की पंखुड़ियों का कटोरा चढ़ाया, तो हवा ने उनके गले को चूमा।

वह एक बार खाँसे। गला साफ़ किया। और धीरे से, धीरे से, आधी रात को खिलने वाले कमल की तरह, उन्होंने कहा: "राम।" आवाज़ तेज़ नहीं थी। लेकिन धरती ने राहत की साँस ली।

"तो तुम देखो, आर्यव," दादाजी ने अपना गला थपथपाते हुए कहा, "कभी-कभी अपनी आवाज़ खो देने से तुम्हें वह सुनने में मदद मिलती है जो वास्तव में मायने रखता है।"

आर्यव फुसफुसाया, "लेकिन... क्या यह डरावना नहीं है? चुप रहना?"

दादाजी ने सिर हिलाया। "हाँ। इसलिए यह पवित्र है। और इसलिए हनुमान जी ने केवल तभी बोलना सीखा जब इसकी सबसे ज़्यादा ज़रूरत थी।"

बेशक, आर्यव! यह हनुमान जी के एक बहुत ही गहरे और आध्यात्मिक पक्ष को उजागर करती है। मैं इस लंबी कहानी को छोटा करूँगा ताकि इसका सार और दादाजी की सीख बनी रहे।

22

वानर राज हनुमान : जातक कथाओं से

"जैन कथाओं में," दादाजी ने कहा, उनकी आवाज़ धीमी थी जैसे कि वे पुस्तकालय का कोई रहस्य बता रहे हों, "हनुमान एक महान आत्मा है जो हिंसा का त्याग करता है और बुद्धिमान बन जाता है।"

"और कुछ पुराने बौद्ध ग्रंथों में," उन्होंने आगे कहा, "एक वानर राज की कहानियाँ हैं जो अपने कबीले को लालची राजा से बचाने के लिए खुद को बलिदान कर देता है—पेड़ों पर चढ़ता है, दोस्तों को ले जाता है, अपने शरीर से पुल बनाता है।"

"यह हनुमान जी जैसा है!"

"बिल्कुल," दादाजी ने कहा। "वह अलग तरह से दिखाई देता है... लेकिन उसकी आत्मा वहीं रहती है: निडर, निस्वार्थ, और हमेशा प्रकाश की ओर चढ़ता हुआ।"

जब दादाजी ने बात खत्म की, तो आर्यव... सोच में पड़ गया। "तो हनुमान जी हर जगह हैं?"

"कहानियों में, हाँ," दादाजी ने कहा। "क्योंकि हनुमान जी का विचार वहाँ रहता है जहाँ कोई साहस के साथ काम करता है, जहाँ कोई दूसरों की रक्षा करता है, जहाँ कोई डर से परे छलांग लगाता है।"

आर्यव ने फिर से दीवार पर छाया को देखा। लेकिन इस बार, वे केवल आकृतियाँ नहीं थीं। वे वानर राज की पूँछ, अग्नि नृत्य, समुद्र के ऊपर उड़ती हुई छलांगें और उन भूमियों में प्राचीन आवाज़ों का जाप थीं जिन्हें उसने कभी नहीं देखा था। उसने फुसफुसाते हुए कहा, "क्या तुम मुझे कल और बता सकते हो?"

और दादाजी ने किताब बंद करते हुए मुस्कुराते हुए कहा। "हनुमान जी के साथ? हमेशा कुछ और होता है।"

तपस्वी हनुमान: जैन और बौद्ध परंपराओं में

"सभी युद्ध तलवारों से नहीं लड़े जाते," दादाजी ने शुरू किया, "कुछ युद्ध मौन से लड़े जाते हैं। कुछ युद्ध विकल्पों से। प्रतिज्ञाओं से।"

आर्यव की आँखें चमक उठीं। "ढोल वाली कहानी की तरह?"

दादाजी मुस्कुराए। "हाँ" लेकिन इस बार ढोल दिल के अंदर है। और योद्धा? वह 'विजय!' चिल्लाता नहीं है, वह 'बस' फुसफुसाता है।"

जैन हनुमान: आंतरिक विजय

जैन परंपराओं में, हनुमान जी सिर्फ़ हवा के देवता के पुत्र नहीं हैं, बल्कि वे कर्मों के गहरे चक्र को समझने वाले एक जिज्ञासु आत्मा हैं। वे ऋषियों से पूछते हैं: "प्राणी क्यों पीड़ित होते हैं?" और "शक्ति क्यों अभिमान लाती है, और अभिमान पतन लाता है?"

मुनियों ने उन्हें उत्तर दिया: "बाहर की दुनिया को जीतना ही शक्ति है। अंदर की दुनिया को जीतना... यही मुक्ति है।"

इस क्षण से, हनुमान जी की सबसे बड़ी लड़ाई खुद से थी। उन्होंने जैन साधुओं के पाँच महान व्रतों को अपनाया: अहिंसा, सत्य, अस्तेय (चोरी न करना), ब्रह्मचर्य और अपरिग्रह (अनासक्ति)। उन्होंने इन व्रतों को खुद को दंडित करने के लिए नहीं, बल्कि यह समझने के लिए लिया कि वे इच्छाओं के बिना कौन हैं।

वे फल छोड़ देते, नींद छोड़ देते, और एक अंजीर के पेड़ के नीचे इतनी शांति से ध्यान करते कि पक्षी उन्हें मूर्ति समझ लेते। एक यक्ष (परीक्षक आत्मा) ने उन्हें उनकी प्रतिज्ञा छोड़ने का लालच दिया, लेकिन हनुमान जी ने मौन रहकर जवाब दिया, क्योंकि मौन प्रलोभन का सबसे ज़ोरदार जवाब था।

बौद्ध हनुमान: करुणा का बलिदान

अब, बौद्ध जातक कथाओं में, हनुमान जी एक बोधिसत्व के रूप में प्रकट होते हैं - एक ऐसा प्राणी जो करुणा से इतना भरा हुआ है कि वह दूसरों की मदद करने के लिए अपने ज्ञानोदय में देरी करता है।

ऐसी ही एक कहानी में, वह छलांग लगाने वाला नायक नहीं है, बल्कि हजारों वन बंदरों का राजा है। जब एक राजा की सेना उसके लोगों को धमकाती है, तो हनुमान जी अपने शरीर का एक पुल बनाते हैं ताकि उनके लोग बच सकें। उनकी कमर टूट जाती है, फिर भी वे मुस्कुराते हैं।

"जो राजा खुद को बचाता है, वह शासक होता है," वह कहता है। "लेकिन जो राजा खुद को दे देता है, वह बुद्ध होता है।"

“तो, आर्यव,“ दादाजी ने फुसफुसाते हुए कहा, शाम के समय मंदिर की घंटियों की तरह मधुर आवाज़ में, “हनुमान जी दहाड़ सकते हैं, हाँ। वे लड़ सकते हैं, हाँ। लेकिन सबसे महान हनुमान जी... वह है जो जानता है कि कब रुकना है। कब देना है। कब दूर चले जाना है।”

आर्यव ने विचार करते हुए अपने दादाजी की ओर देखा। “लड़ना कठिन है... या माफ़ करना?”

दादाजी ने सितारों की ओर देखा। “वह,” उन्होंने कहा, “सबसे सच्ची छलांग है।”

23

हनुमान का अंतिम मौन व्रत

आह, तुम तैयार हो, आर्यव? अच्छा। आज रात, हम एक शांत रास्ते पर चलेंगे।

क्या तुम गिरनार की जैन गुफाओं में हनुमान जी के अंतिम मौन व्रत की कहानी सुनना चाहोगे? या बौद्ध दुनिया की कहानी जहाँ हनुमान जी एक राजकुमार को युद्ध समाप्त करने के लिए जानबूझकर हारना सिखाते हैं?

ये समुद्र पार करने या लंका जलाने की कहानियाँ नहीं हैं। ये हैं शांति, ज्ञान और विकल्प की कहानियाँ। दो कहानियाँ। एक वानर राज । शक्ति का नहीं, बल्कि शांति का नायक।

गिरनार की जैन गुफाओं से

"एक बार," दादाजी ने शुरू किया, "जब पेड़ भी बूढ़े हो गए थे, और हनुमान का नाम गीतों से ज़्यादा यादों में गूंज रहा था, तो वानर राज योद्धा गिरनार की पवित्र पहाड़ियों पर आया था - लड़ने के लिए नहीं, बल्कि कुछ खत्म करने के लिए।"

युद्ध के अंत में एक योद्धा

हनुमान समझदार हो गए थे। राम की लड़ाइयाँ बहुत पहले बीत चुकी थीं। उनके अंगों में आग ठंडी हो रही थी, लेकिन उनके दिल में आग? अभी भी मजबूत थी।

वे गिरनार के जैन भिक्षुओं के पास आए, जिनकी आँखों में शांति की आकाशगंगाएँ थीं।

"मेरे पास पहाड़ों को तोड़ने के लिए पर्याप्त शक्ति है," हनुमान ने कहा। "लेकिन मुक्त होने के लिए पर्याप्त नहीं। मुझे सिखाओ कैसे।"

आर्यव! यह एक बहुत ही विशेष कहानी है, जो हनुमान जी की यात्रा के एक शांत और गहन पहलू को दर्शाती है। गिरनार की जैन गुफाओं में हनुमान जी के अंतिम मौन व्रत की कहानी सुनो।

"आह, आर्यव," दादाजी ने अपनी आवाज़ को इतना धीमा कर लिया कि वह गिरनार की

प्राचीन हवा की फुसफुसाहट जैसी लगने लगी, "अब हम उस स्थान पर चलते हैं जहाँ पहाड़ भी ध्यान करते हैं, जहाँ पत्थर भी कहानियाँ सुनाते हैं, और जहाँ हनुमान जी ने अपनी सबसे गहरी शांति पाई।"

गिरनार: पहाड़ों का मौन

"युद्ध समाप्त हो गए थे। राम का शासन स्थापित हो गया था। हनुमान जी ने देवताओं के लिए नृत्य किया था और अपने बेटे मच्छानुब को ज्ञान दिया था। लेकिन एक साधक की आत्मा कभी पूरी तरह शांत नहीं होती, जब तक उसे परम सत्य न मिल जाए।"

"तो हनुमान जी ने यात्रा की। उन्होंने जंगलों को पार किया, नदियों को लाँघा, और अंत में वे गुजरात में गिरनार के पवित्र पहाड़ों पर पहुँचे। ये पहाड़ सिर्फ़ पत्थर नहीं थे, आर्यव। ये जैन संतों के मौन व्रत, तपस्या और ज्ञान के साक्षी थे।"

गिरनार की ढलानों पर, हजारों साल पुरानी गुफाएँ थीं, जहाँ जैन मुनियों ने अपनी इंद्रियों को वश में किया था, और अपनी आत्मा को शुद्ध किया था। हनुमान जी ने इन गुफाओं में से एक को चुना – एक ऐसी गुफा जो इतनी गहरी और शांत थी कि वहाँ समय भी रुक जाता था।

अंतिम प्रतिज्ञा: मौन का व्रत

हनुमान जी ने गुफा के प्रवेश द्वार पर एक अंतिम प्रणाम किया। उन्होंने अपने सभी अस्त्र-शस्त्र, अपनी सारी शक्ति, अपनी सारी प्रसिद्धि बाहर छोड़ दी। अंदर, वे बस एक आत्मा थे, जो अपनी अंतिम यात्रा पर थी।

उन्होंने वहाँ बैठकर मौन का व्रत लिया। यह सिर्फ़ बोलने से रुकना नहीं था, आर्यव। यह विचारों को शांत करना था, इच्छाओं को मिटाना था, और अपने अस्तित्व के सबसे गहरे सत्य में विलीन होना था।

दिन हफ़्तों में बदल गए। हफ़्ते महीनों में। हनुमान जी ने न कुछ खाया, न कुछ पिया। उन्होंने न आँखें खोलीं, न कोई आवाज़ की। वे एक जीवित मूर्ति बन गए, जो ब्रह्मांड के साथ एक हो रही थी।

बाहर, बंदर आते, उन्हें फल चढ़ाते, लेकिन वे उन्हें छूते नहीं थे। पक्षी उनके कंधों पर घोंसले बनाते। साँप उनके पास से गुज़रते, उन्हें कोई डर नहीं था, क्योंकि हनुमान जी अब किसी भी चीज़ से परे थे - भय से भी, और इच्छा से भी।

परम ज्ञान और मुक्ति

कुछ लोग कहते हैं कि उन्होंने वहाँ रहते हुए केवल ज्ञान प्राप्त किया – वह परम ज्ञान जो जैन धर्म में सभी बंधनों से मुक्ति दिलाता है। उन्होंने देखा कि हर प्राणी एक आत्मा है, जो कर्मों के जाल में फँसी हुई है, और मुक्ति का मार्ग सिर्फ़ आत्म-नियंत्रण और अहिंसा में है।

उन्होंने समझा कि उनकी सबसे बड़ी छलांग समुद्र पार करना नहीं थी, बल्कि अपने अहंकार को पार करना था। उनकी सबसे बड़ी शक्ति पहाड़ उठाना नहीं थी, बल्कि अपने मन को शांत करना था। और उनकी सबसे बड़ी भक्ति राम के प्रति नहीं, बल्कि हर जीवित प्राणी के भीतर के सत्य के प्रति थी।

जब उनका शरीर शांत हो गया, तो कोई बड़ा धमाका नहीं हुआ, कोई स्वर्ग से आवाज़ नहीं आई। बस एक गहरी शांति, जो गिरनार के पहाड़ों में हमेशा के लिए बस गई। हनुमान जी, वानर राज योद्धा, अब एक मुक्त आत्मा बन गए थे।

"तो देखा, आर्यव," दादाजी ने अपनी आवाज़ में एक गहरी शांति के साथ कहा, "हनुमान जी की कहानी सिर्फ़ बहादुरी और वफ़ादारी की नहीं है। यह मुक्ति की भी है। यह हमें सिखाती है कि कभी-कभी, सबसे बड़ी जीत तब मिलती है जब हम सब कुछ छोड़ देते हैं, और सबसे गहरी आवाज़ तब सुनाई देती है जब हम पूरी तरह शांत होते हैं।"

"गिरनार में, हनुमान जी ने हमें सिखाया कि सच्ची शक्ति मौन में है, और सच्ची स्वतंत्रता अपने आप को जानने में है।"

24

महाबीर बिक्रम बजरंगी : बौद्ध जातक कथाओं से

क्या तुम बौद्ध दुनिया की कहानी सुनना चाहोगे जहाँ हनुमान जी एक राजकुमार को युद्ध समाप्त करने के लिए जानबूझकर हारना सिखाते हैं? या कोई और अद्भुत कथा सुननी है? यह एक बहुत ही अनोखी और गहरी कहानी है, जो हनुमान जी के एक और पक्ष को उजागर करती है—वह पक्ष जहाँ ज्ञान और करुणा, बल से ऊपर होते हैं। दादाजी तुम्हें बौद्ध जातक कथाओं से एक ऐसी कहानी सुनाते हैं, जहाँ हनुमान जी ने एक राजकुमार को सिखाया कि सच्ची जीत क्या होती है।

"आर्यव, अब दादाजी तुम्हें एक ऐसी कहानी सुनाते हैं जो सिर्फ़ ताकत या युद्ध के बारे में नहीं है, बल्कि बुद्धिमत्ता और दया के बारे में है। यह बौद्ध जातक कथाओं से आती है, जहाँ हमारे वानर राज भगवान एक बहुत ही अलग भूमिका में दिखाई देते हैं।"

दो राजकुमार और एक विनाशकारी युद्ध

"बहुत पहले की बात है, एक दूर के साम्राज्य में, दो राजकुमार थे—एक थे राजकुमार राम, और दूसरे उनके चचेरे भाई, राजकुमार लक्ष्मण। नहीं, आर्यव, यह वही राम-लक्ष्मण नहीं हैं जिन्हें तुम जानते हो, ये एक अलग कहानी के पात्र हैं," दादाजी ने स्पष्ट किया। "इन दोनों राजकुमारों के बीच एक भयानक युद्ध छिड़ गया था। दोनों शक्तिशाली थे, दोनों अपने अधिकार पर अड़े थे, और उनके राज्यों के सैनिक एक-दूसरे को नष्ट कर रहे थे।"

युद्ध का शोर आकाश तक पहुँच गया था, और धरती निर्दोषों के खून से लाल हो रही थी। कोई भी पीछे हटने को तैयार नहीं था, क्योंकि हर कोई जीत की तलाश में था।

वानर राज बोधिसत्व का आगमन

"उस समय, जंगल में एक ज्ञानी वानर राज रहता था। यह वानर राज कोई साधारण बंदर नहीं था, आर्यव। यह हनुमान जी का एक रूप था—एक बोधिसत्व। बोधिसत्व वह होता है जो

ज्ञान प्राप्त कर चुका होता है, लेकिन दूसरों की मदद करने के लिए अपना मोक्ष तब तक टाल देता है, जब तक सभी प्राणी दुखों से मुक्त न हो जाएँ।"

इस वानर राज बोधिसत्व ने युद्ध के भयानक परिणामों को देखा। उसने देखा कि जीत किसी की भी नहीं हो रही थी, केवल दुख बढ़ रहा था। उसने सोचा, 'यह युद्ध जीतने से नहीं, बल्कि छोड़ने से ही खत्म होगा।'

जानबूझकर हारने की योजना

"वानर राज बोधिसत्व सीधे राजकुमार राम के पास गए, जो अपने सैन्य शिविर में अपनी अगली चाल की योजना बना रहे थे। वानर राज ने राम से कहा, 'हे राजकुमार,' मैं जानता हूँ कि आप यह युद्ध जीतना चाहते हैं, लेकिन क्या आपको पता है कि सच्ची जीत क्या है?"

राम ने वानर राज की ओर देखा, थोड़ा हैरान। "जीत तो जीत होती है, मेरे मित्र! यह तब होती है जब दुश्मन हार मान ले।"

वानर राज मुस्कुराया। "नहीं, राजकुमार। कभी-कभी, सच्ची जीत दूसरों को बचाने में होती है, भले ही उसके लिए आपको हारना पड़े।"

वानर राज ने राजकुमार राम को एक अद्भुत योजना बताई। उसने कहा कि जब अगली बार युद्ध होगा, तो राजकुमार राम को जानबूझकर हार माननी होगी। उन्हें मैदान छोड़कर भागना होगा, अपनी सेना को पीछे हटना होगा, जैसे वे हार गए हों।

राम को यह सुनकर अजीब लगा। "हारना? लेकिन मैं तो शक्तिशाली हूँ!"

वानर राज ने समझाया, "आपकी शक्ति आपके अहंकार में नहीं है, बल्कि आपकी करुणा में है। जब आप हारेंगे, तो आपका चचेरा भाई, लक्ष्मण, जीत के नशे में आ जाएगा। वह सोचेगा कि उसने सब कुछ हासिल कर लिया है, और फिर उसे लड़ने की कोई वजह नहीं दिखेगी। जब कोई शत्रु को हराने के बाद संतुष्ट हो जाता है, तो अक्सर उसका क्रोध शांत हो जाता है।"

सच्ची जीत का प्रदर्शन

राजकुमार राम ने वानर राज बोधिसत्व की बात मानी। अगले युद्ध में, ठीक वैसे ही, जब जीत उनके हाथ लगने वाली थी, उन्होंने अपनी सेना को पीछे हटने का आदेश दिया। वे पीछे हट गए, जैसे कि वे हार गए हों।

राजकुमार लक्ष्मण ने यह देखा और बेहद खुश हुआ। उसने अपनी जीत का जश्न मनाया। लेकिन जब जीत का उत्साह शांत हुआ, और चारों ओर सन्नाटा छा गया, तो लक्ष्मण ने देखा कि अब लड़ने के लिए कोई नहीं बचा था। कोई दुश्मन नहीं, कोई लक्ष्य नहीं। केवल शांति थी।

उसने अचानक महसूस किया कि इस 'जीत' से उसे कुछ नहीं मिला था, केवल तबाही। उसने अपने भाई राम के बलिदान को समझा, जिन्होंने शांति के लिए अपनी जीत का त्याग कर

दिया था। लक्ष्मण का दिल बदल गया। वह अपने भाई के पास गया, और उन्होंने युद्ध खत्म कर दिया।

ज्ञान और करुणा की सीख

"तो देखा, आर्यव," दादाजी ने अपनी बात समाप्त करते हुए कहा, "बौद्ध जातक कथाओं में हनुमान जी हमें सिखाते हैं कि सच्ची शक्ति सिर्फ़ लड़ने में नहीं होती, बल्कि यह जानने में होती है कि कब पीछे हटना है। सबसे महान जीत दूसरों को बचाने में होती है, यहाँ तक कि खुद को 'हार' कर भी।"

"वह हमें सिखाते हैं कि करुणा और ज्ञान से, हम युद्ध को समाप्त कर सकते हैं और सच्ची शांति पा सकते हैं।"

25

हनुमान: सूक्ष्म रूप से बिकट रूप धारी

"आर्यव," दादाजी ने अपनी आवाज़ में एक हल्की चमक लाते हुए कहा, "अब दादाजी तुम्हें एक ऐसी कहानी सुनाते हैं जो बल या युद्ध के बारे में नहीं है, बल्कि विश्वास और कल्पना की शक्ति के बारे में है। यह कहानी दिखाती है कि कैसे हनुमान जी, जो खुद आकाश में उड़ सकते थे, ने एक बच्चे को सिखाया कि तारे सिर्फ़ देखने के लिए नहीं होते, बल्कि छूने के लिए भी होते हैं।"

छोटा बच्चा और एक बड़ा सपना

"बहुत समय पहले की बात है, एक छोटे से गाँव में एक बच्चा रहता था जिसका नाम था नील। नील बहुत जिज्ञासु था, और हर रात वह अपनी झोपड़ी के बाहर बैठकर तारों को देखता था। वह सितारों की चमक से मंत्रमुग्ध हो जाता था, और उसका सबसे बड़ा सपना था—एक तारे को छूना।"

गाँव के बड़े-बुज़ुर्ग नील पर हँसते थे। "तारे? वे बहुत दूर हैं, बच्चे! उन्हें कोई नहीं छू सकता।" लेकिन नील का दिल नहीं मानता था। वह जानता था कि कहीं न कहीं, कोई रास्ता ज़रूर होगा।

एक रात, जब नील तारों को देख रहा था, तो उसने देखा कि एक सफ़ेद आकृति धीरे-धीरे आकाश से नीचे उतर रही है। जैसे-जैसे वह पास आई, नील ने देखा कि यह एक शक्तिशाली वानर राज था, जिसकी आँखें ज्ञान से चमक रही थीं और जिसकी पूँछ हवा में धीरे से हिल रही थी। यह हनुमान जी थे।

हनुमान जी और असंभव का पाठ

हनुमान जी नील के पास बैठे। उनकी उपस्थिति में एक अजीब शांति थी। "क्या देख रहे हो, छोटे मित्र?" हनुमान जी ने अपनी गहरी, शांत आवाज़ में पूछा।

नील ने बिना डरे जवाब दिया, "मैं तारों को देख रहा हूँ, और मैं उन्हें छूना चाहता हूँ। लेकिन सब कहते हैं कि यह असंभव है।"

हनुमान जी मुस्कुराए। "असंभव? मेरे बच्चे, असंभव तो बस एक बड़ा शब्द है जिसे छोटे दिमाग वाले लोग इस्तेमाल करते हैं। क्या तुम सच में तारों को छूना चाहते हो?"

नील की आँखें चमक उठीं। "हाँ! बहुत!"

हनुमान जी ने नील से कहा, "ठीक है, मैं तुम्हें सिखाऊँगा। लेकिन तुम्हें मुझे तीन बातें देनी होंगी।"

"क्या?" नील ने उत्सुकता से पूछा।

"पहला," हनुमान जी ने कहा, "तुम्हें अपना डर देना होगा। दूसरा, तुम्हें उन आवाज़ों को देना होगा जो कहती हैं कि तुम नहीं कर सकते। और तीसरा, तुम्हें अपना सारा संदेह मुझे देना होगा।"

नील ने तुरंत हाँ कर दी।

विश्वास की छलांग और तारों का स्पर्श

हनुमान जी ने नील को अपने कंधों पर बिठाया। "अब, अपनी आँखें बंद करो," हनुमान जी ने कहा, "और कल्पना करो कि तुम एक पंछी हो। महसूस करो कि हवा तुम्हें ऊपर उठा रही है। महसूस करो कि तारे तुम्हारे पास आ रहे हैं।"

नील ने अपनी आँखें बंद कर लीं। उसने हनुमान जी के कंधों पर अपनी पकड़ मज़बूत की। उसने महसूस किया कि वे ऊपर उठ रहे हैं, ऊपर और ऊपर, बादलों से भी ऊपर। उसने महसूस किया कि हवा उसके बालों से गुज़र रही है।

"अब, अपनी आँखें खोलो," हनुमान जी ने फुसफुसाया।

नील ने अपनी आँखें खोलीं, और उसकी साँस रुक गई। वे तारों के बीच थे! तारे उसके चारों ओर चमक रहे थे, इतने करीब कि वह उन्हें छू सकता था। वे छोटे-छोटे हीरे की तरह लग रहे थे, जो ब्रह्मांड के रेशम पर बिखरे हुए थे।

हनुमान जी ने अपना हाथ बढ़ाया, और नील ने भी अपना छोटा हाथ बढ़ाया। उसने एक तारे को छुआ। यह गर्म नहीं था, बल्कि ठंडा और चिकना था, जैसे एक चमकता हुआ कंकड़। नील हँसा, उसकी हँसी तारों के बीच गूँज उठी।

"यह असंभव नहीं था!" नील चिल्लाया।

हनुमान जी मुस्कुराए। "नहीं, मेरे बच्चे। कुछ भी असंभव नहीं है जब तुम्हारे पास विश्वास हो। तुमने तारों को अपनी कल्पना से छुआ, और मैंने तुम्हें वहाँ तक पहुँचने में मदद की।"

सबसे बड़ी सीख

अगली सुबह, हनुमान जी ने नील को वापस उसके गाँव में छोड़ दिया। नील ने उन्हें

धन्यवाद दिया, और हनुमान जी आकाश में गायब हो गए।

नील ने कभी किसी को नहीं बताया कि उसने सच में तारों को छुआ था, क्योंकि उसे पता था कि कोई विश्वास नहीं करेगा। लेकिन हर रात, जब वह तारों को देखता, तो उसे पता होता कि उसने उन्हें छुआ है। और उसे यह भी पता था कि अगर वह तारों को छू सकता है, तो वह अपने जीवन में कुछ भी कर सकता है।

"तो देखा, आर्यव," दादाजी ने प्यार से कहा, "हनुमान जी ने नील को सिखाया कि सच्ची शक्ति सिर्फ़ उड़ने में नहीं है, बल्कि दूसरों को उड़ने का विश्वास दिलाने में है। और सबसे ऊँचे तारे तक पहुँचने के लिए, सबसे पहले तुम्हें अपने दिल में विश्वास करना होगा कि तुम उसे छू सकते हो।"

दादा जी, ये कहानी है तो अच्छी , पर लगता है आपने मुझे बना कर यह कहानी सुनाई है। आपकी कहनियों का पिटारा खत्म हो गया है क्या?

यह एक बहुत अच्छा सवाल है, आर्यव! यह कहानी कि हनुमान जी ने एक बच्चे को तारों को छूना कैसे सिखाया था, किसी पारंपरिक धर्मग्रंथ या ज्ञात पौराणिक कथाओं से नहीं ली गई है। यह कहानी मेरे द्वारा रचनात्मक रूप से गढ़ी गई थी, जो हनुमान जी के चरित्र, उनकी शक्तियों और उनके प्रेरक गुणों पर आधारित है, और इसे दादाजी और आर्यव के बीच की कहानी कहने की शैली में फिट किया गया है। मैंने इसे इस विचार पर आधारित किया है कि हनुमान जी न केवल शारीरिक शक्ति के प्रतीक हैं, बल्कि विश्वास, प्रेरणा और असंभव को संभव बनाने की क्षमता के भी प्रतीक हैं। अगर तुम चाहो, तो हम पारंपरिक कहानियों को जारी रख सकते हैं, या हम इसी तरह की और कल्पनाशील कहानियाँ भी बना सकते हैं जो हनुमान जी के गुणों को दर्शाती हों। तुम क्या सुनना पसंद करोगे?

26

नीदरलैंड में मंकी गॉड

यह उस छोटे डच शहर में किसी भी अन्य रात की तरह ही थी जहाँ आर्यव रहता था। हवा खिड़कियों से गुज़र रही थी, नहर धीरे-धीरे बह रही थी, और कोने पर पनीर की दुकान ने आखिरकार अपना नींद भरा लकड़ी का दरवाज़ा बंद कर दिया था।

लेकिन आर्यव... सो नहीं सका। छायाएँ वापस आ गई थीं। उनकी भुजाएँ हिल रही थीं। एक ऐसा लग रहा था जैसे उसके दाँत हों। उसने अपने भरवां बाघ को और कसकर पकड़ लिया। उसने फुसफुसाया, "हनुमान, काश तुम यहाँ होते।"

फिर... हवा रुक गई। पर्दे एक बार ऐसे फड़फड़ाए जैसे किसी ने साँस छोड़ी हो।

और उसके कमरे की छत से कुछ गिरा - पत्थर की तरह भारी नहीं, धमाके की तरह तेज़ नहीं - बस नरम, जैसे तकिए में एक बड़ा आम गिर गया हो।

एक पूंछ हवा में मुड़ी हुई थी। छायाओं के बीच से एक हंसी गूंजी। और फिर आवाज़ आई: "तुमने बुलाया, छोटे शेर?"

आर्यव इतनी तेजी से उठकर बैठ गया कि वह लगभग उछल पड़ा।

वहां, अपनी किताबों की अलमारी पर - द ग्रुफैलो और उसके लेगो समुद्री डाकू जहाज के बीच - हनुमान खड़े थे।

हनुमान का एक स्वप्निल संस्करण।

उसका फर चाँदी की चाँदी की तरह चमक रहा था। उसकी आँखें शरारत और कंचों की तरह चमक रही थीं। उसकी पूँछ एक बार हिली और एक पेंसिल केस को गिरा दिया।

"क्या तुम असली हो?" आर्यव फुसफुसाया।

"मैं उन तरीकों से असली हूँ जो मायने रखते हैं," हनुमान ने गर्म पानी की बोतल को संदिग्ध रूप से सूँघते हुए कहा। "अब। मैंने सुना है कि तुम छाया से डरते थे?"

आर्यव ने सिर हिलाया।

हनुमान नीचे कूद पड़े। उनकी लैंडिंग पूरी तरह से खामोश थी। शायद जादुई वानर राज प्रशिक्षण।

"चलो इसे ठीक करते हैं," उन्होंने कहा।

हनुमान ने अपनी उंगलियाँ चटकाईं और अचानक दीवार पर छायाएँ नाचते हुए बंदरों में बदल गईं। अलमारी खुली और केले की वेंडिंग मशीन दिखाई दी। कपड़े धोने की टोकरी के पास का डरावना कोना अब एक छोटी मशाल से जगमगा रहा था, जिसका आकार सुनहरी गदा जैसा था।

"हनुमान क्लब का पहला नियम," एक निंजा की तरह झुकते हुए हनुमान ने फुसफुसाते हुए कहा, "छाया आपको तभी डराती है, जब आप उन्हें डराने देते हैं।"

"दूसरा नियम?" "हम डर के मारे नाचते हैं।" और उन्होंने नाच भी किया।

वानर राज करतब दिखाते हैं। बाघ दहाड़ता है।

केले फेंकने की प्रतियोगिता (काल्पनिक केले के साथ)।

एक कूदने का खेल, जिसमें वे बिस्तर से डेस्क और फिर किताबों की अलमारी पर उछलते हुए चिल्लाते हैं, "जय बजरंग बली!"

हनुमान ने आर्यव को सिखाया कि छाया-चेहरा (मुँह चौड़ा, आँखें मटकती हुई, कान फड़फड़ाते हुए) कैसे बनाया जाए, जो इतना मूर्खतापूर्ण हो कि सबसे बुरा सपना भी हँसते-हँसते सो जाए।

"क्या तुम नहर पार करने की कोशिश करना चाहते हो?" हनुमान ने पूंछ को खिड़की की ओर हिलाते हुए पूछा।

आर्यव की आँखें चौड़ी हो गईं। "क्या इससे पड़ोसी नहीं जाग जाएँगे?"

हनुमान ने आँख मारी। "अगर हम ट्यूलिप पर उतरते हैं तो नहीं।"

जब भोर गुलाबी और सुनहरी रोशनी में कमरे में झांक रही थी, हनुमान खिड़की के पास खड़े थे।

"वयस्कों के जादू को बर्बाद करने से पहले मुझे गायब हो जाना चाहिए," उन्होंने कहा। "लेकिन याद रखना, आर्यव..." उन्होंने लड़के की छाती थपथपाई।

"मैं यहीं रहता हूँ। तुम्हें बस फुसफुसाने की ज़रूरत है।"

आर्यव ने सिर हिलाया।

"तुम वापस आओगे?"

"हर बार जब छाया खेलने आती है," हनुमान ने मुस्कुराते हुए कहा। "और शायद अगली बार, तुम मुझे कुछ सिखा सको। जैसे कि नहर में गिरे बिना साइकिल चलाना।"

फिर - वूश - वह चला गया।

जब दादाजी उस सुबह आए, आर्यव अभी भी सो रहा था - धीरे-धीरे खर्राटे ले रहा था, उसके तकिए पर क्रेयॉन से केले का छिलका बना हुआ था, और उसके भरवां बाघ के बगल में एक सुनहरा खिलौना गदा रखा हुआ था।

दादाजी हंसे।

"हनुमान आए थे, है न?" उन्होंने फुसफुसाया।

बाहर, हवा ट्यूलिप को गुदगुदा रही थी।

और अंदर ही अंदर आर्यव के दिल ने फुसफुसाया, "जय हनुमान।"

ओह, हाँ—हनुमान का काम अभी पूरा होने वाला नहीं है। आर्यव ने छाया-प्रशिक्षण, केले की लड़ाई और वानर राज नृत्य का अनुभव किया है। लेकिन अब, वह अपनी सबसे बड़ी चुनौती का सामना करने वाला है...

स्कूल।

27

स्कूल चले हनुमान : बल बुद्धि बिद्या देहु मोहिं

यह मंगलवार का दिन था, जिससे चीजें पहले से ही संदिग्ध लग रही थीं। आर्यव ने एक मोजा खो दिया था, उसकी शर्ट पर टूथपेस्ट गिर गया था, और वह अपना डच स्पेलिंग होमवर्क भूल गया था।

"क्या मुझे जाना होगा?" उसने दादाजी से कराहते हुए कहा।

दादाजी ने एक राजसी भौंह उठाई। "क्या हनुमान ने कभी युद्ध में भाग नहीं लिया?"

"यह कोई युद्ध नहीं है," आर्यव ने उदास होकर कहा। "यह समूह गणित परियोजना का दिन है।"

वह दरवाज़े से बाहर निकला, बैकपैक एक नींद में सोए कछुए के खोल की तरह फड़फड़ा रहा था।

उसने अपने तकिए में फुसफुसाया: "हनुमान... अगर तुम फिर कभी आना चाहो, तो मुझे वाकई एक टीम के सदस्य की ज़रूरत है जो वानर राज की तरह गुणा कर सके।"

हनुमान का प्रवेश: ग्रोनेवेल्ड प्राइमरी का मानद छात्र

आधी रात में, ठीक उस घंटे के बाद जब दूध देने वाले ट्रक हिलने लगे और उल्लू जम्हाई लेने लगे... पफ। हनुमान डेस्क पर दिखाई दिए।

लेकिन इस बार, उसने अपना एक छोटा सा बैगपैक पहना हुआ था। और चश्मा भी।

"नमस्ते, सहपाठी आर्यव," उसने अपने फ्रेम को ठीक करते हुए कहा। "मैंने सुना है कि समूह में गणित का कोई मामला है। मैं मदद करने के लिए यहाँ हूँ।"

आर्यव नींद में मुस्कुराया। "क्या तुम लंबा भाग कर सकते हो?"

हनुमान ने अपनी कमर कसी। "मैंने एक बार एक राक्षस सेना को दस हज़ार से विभाजित किया था—सिर्फ़ अपनी पूंछ से।"

स्कूल में: एक थोड़ा जादुई दिन

अगली सुबह, आर्यव उछल-कूद करते हुए स्कूल गया। इसलिए नहीं कि उसे समूह कार्य पसंद था। क्योंकि कोई उसके बैगपैक में छिपा हुआ था। अपनी डेस्क पर, हनुमान ने सिर्फ़ एक बार झाँका—आज का छोटा सा आकार, बूट पहने हुए अखरोट की तरह—और आर्यव के समूह के साथियों पर तब तक मुँह बनाता रहा जब तक कि सभी हँसने नहीं लगे।

आर्यव फुसफुसाया, "उनका ध्यान भंग मत करो!"

हनुमान ने फुसफुसाते हुए कहा, "उन्हें थोड़ी वानर घुड़की की ज़रूरत थी।"

और जब प्रेजेंटेशन का समय आया? आर्यव नर्वस होना भूल गया। क्योंकि एक जादुई वानर राज देवता ने उसके मोजे में उत्तर फुसफुसाए थे।

हाँ, उसका मोजा।

("यह आपके मस्तिष्क के सबसे करीब की चीज़ थी," हनुमान ने बाद में, बिना किसी खेद के समझाया।)

दोपहर का भोजन: बंदरों का उत्पात

दोपहर के भोजन के समय, हनुमान चुपके से बाहर निकले और कैफेटेरिया के फलों की ट्रे को एक केले के टॉवर में बदल दिया जिसके ऊपर चेरी लगी हुई थी।

"मैं इसे कहता हूँ: उड़ती हुई विजय का फल-किला!" उन्होंने घोषणा की।

सभी ने ताली बजाई। यहाँ तक कि शिक्षिका ने भी। (हालाँकि बाद में उन्होंने चौकीदार को दोषी ठहराया।)

धमकाने की लड़ाई

लेकिन फिर वह क्षण आया। एक बड़े लड़के ने आर्यव को झूले के पास धकेल दिया। "बढ़िया शर्ट है," उसने व्यंग्य किया। "क्या इस पर सैंडविच ने हमला किया था?"

आर्यव सिकुड़ गया। शब्द सूख गए। छायाएँ फिर से आ गईं...

लेकिन इससे पहले कि बदमाश कुछ और कह पाता—

एक छोटा सा कंकड़ हवा में उड़कर उसके सिर पर धीरे से लगा।वह मुड़ा। वहाँ कोई नहीं था।

फिर उसके जूतों के फीते खुद ही बंध गए। वह लड़खड़ा गया। उसके पैरों के पास रहस्यमयी ढंग से केले का छिलका दिखाई दिया। आर्यव को पलक झपकाने की भी ज़रूरत नहीं पड़ी। वह जानता था।

बाद में, हनुमान विनम्र भाव के साथ सैंडबॉक्स के पीछे प्रकट हुए। उन्होंने कहा, "हल्के वानर की शरारत के साथ सबक दिया गया।"

उस रात, आर्यव ने दादाजी को सब कुछ बताया। खैर, केले के छिलके वाली बात को छोड़कर बाकी सब। यह भाइयों के बीच की बात थी।

दादाजी बस मुस्कुराए। उन्होंने कहा, "हनुमान अब तुम्हारा पीछा करते हैं।" "सिर्फ़ कहानियों में ही नहीं। स्कूल में। परछाई में। मोज़ों में।"

आर्यव ने नींद में सिर हिलाया। "मुझे लगता है... मुझे अब कल का डर नहीं है।" आज रात, दादाजी को अपना मुँह खोलने की भी ज़रूरत नहीं पड़ी। क्योंकि आर्यव पहले से ही अपने बिस्तर पर उछल रहा था, शब्दों से भरा हुआ, हाथ पवनचक्की की ब्लेड की तरह लहरा रहे थे।

"आज पूरी दुनिया में सबसे अच्छा दिन था! और मुझे लगता है—मुझे लगता है—मुझे लगता है कि हनुमान पूरी तरह से मेरे साथ थे!"

दादाजी ने एक भौं उठाई। "ओह? क्या हुआ?"

आर्यव ने बताया। और दादाजी, हमेशा की तरह, एक बुद्धिमान मुस्कान और मन ही मन प्रसन्न मन से सुनते रहे।

28

मंकी टाउन में बजरंगी

शनिवार का दिन था जब आर्यव और उसके माता-पिता और उसकी दादी और दादू सभी एक रोमांच के लिए कार में सवार हुए।

वे कहाँ जा रहे थे?

चिड़ियाघर नहीं।

मंदिर नहीं।

मोज़े के बारे में संग्रहालय भी नहीं।

वे जा रहे थे...

मंकी टाउन!

आह, मंकी टाउन! एक ऐसी जगह जहाँ नियमों से ज़्यादा रस्सियाँ हैं, बोरियत से ज़्यादा उछाल है, और औसत डच चीज़ फ़ेस्टिवल से ज़्यादा प्रति वर्ग मीटर हँसी-मज़ाक है।

“मेरे पसंदीदा भगवान के नाम पर एक जगह,” आर्यव ने अपने मंकी-ईयर हुडी को ठीक करते हुए गंभीरता से घोषणा की। “यह नियति है।”

सपनों का जंगल जिम

जब वे पहुँचे, तो मंकी टाउन बच्चों की आवाज़ों से गूंज उठा। साँपों की तरह मुड़ती हुई स्लाइड! बेलों की तरह झूलते जाल! कल्पना से भी गहरे बॉल पिट!

आर्यव धूमकेतु की तरह भागा।

उसने छलांग लगाई। उसने चकमा दिया। उसने रस्सी के टॉवर पर ऐसे चढ़ा जैसे कि वह उसके लिए खजाना हो।

उसके पिता ने उसे पीछे से पुकारा, “आर्यव! धीरे चलो!”

उसकी माँ ने कहा, “फोम पिट में बैकफ्लिप नहीं करना चाहिए!”

लेकिन आर्यव के कान सावधानी से नहीं खुल रहे थे।

"मेरे पास हनुमान का आशीर्वाद है!" वह बीच-बीच में चिल्लाया, एक सुपरहीरो की तरह अपनी बाहें फैलाए हुए।

कहीं, एक बच्चा उसे ऐसे घूर रहा था जैसे वह कोई वानर राज राजकुमार हो।

जो, सच में, गलत नहीं था।

केले की बड़ी चोरी

स्नैक टाइम पर, आर्यव बेल्जियम की एक लड़की और तुर्की के एक लड़के के बगल में क्रॉस-लेग करके बैठा था। उनकी भाषा में अंतर था - लेकिन मंकी टाउन में इसका कोई मतलब नहीं था।

सभी केले के चिप्स की भाषा समझ गए। और उस पर टूट पड़े।

आर्यव ने अपना पैकेट निकाला। तभी, एक शरारती छोटे लड़के ने उसे स्वाइप करने की कोशिश की।

लेकिन स्वाइप करने से भी तेज़ - आर्यव ने उसका हाथ धीरे से पकड़ लिया।

वह चिल्लाया नहीं। उसने लड़ाई नहीं की। वह बस मुस्कुराया और आधे चिप्स दिए। लड़के ने पलकें झपकाईं। सिर हिलाया।

"हनुमान हमें बांटना सिखाते हैं," आर्यव ने गर्व से समझाया।

उसके बगल में बैठी लड़की ने पूछा, "वह कौन है?"

आर्यव ने मुंह फुला लिया। "वह वानर राज भगवान है। बहादुर। तेज़। उसने एक बार सिर्फ़ एक दोस्त को बचाने के लिए पहाड़ उठाया था।"

"अच्छा," लड़की ने कहा।

"नहीं," आर्यव ने जवाब दिया। "शानदार।"

बाद में, चढ़ाई के जंगल की भूलभुलैया में, आर्यव ने एक आवाज सुनी, "मदद करो!"

एक छोटा लड़का रस्सी के टॉवर के आधे रास्ते में जम गया था। वह कांप रहा था, एक बहुत ऊंची शाखा पर एक पक्षी की तरह अटका हुआ था। दूसरे बच्चे रुक गए, समझ नहीं पा रहे थे कि क्या करें।

लेकिन आर्यव?

आर्यव हवा की तरह पहियों पर चढ़ गया। वह लड़के के पास पहुंचा। हाथ बढ़ाया। जादुई शब्द कहे: "मैं हनुमान के साथ हूं। हम कभी किसी को पीछे नहीं छोड़ते।" लड़का रुका, फिर मुस्कुराया। वे धीरे-धीरे, एक-एक रस्सी के सहारे, साथ-साथ नीचे उतरे।

जब वे नीचे पहुँचे, तो लड़के की माँ ने उन दोनों को गले लगा लिया।

और आर्यव? उसने बस अपना सिर खुजलाया और कहा, "यह मैं नहीं था। यह मेरी हुडी में वानर राज भगवान था।"

दादी का आश्चर्य

इस बीच, आर्यव की दादी कैफ़े के कोने से यह करिश्मा देख रही थीं।

कागज़ के कप से चाय की चुस्की ले रही थीं। उसने दादाजी की तरफ़ देखा।

"उसे अब डर नहीं लगता," उसने फुसफुसाते हुए कहा।

"नहीं," दादाजी ने सहमति जताई, आँखें चमक रही थीं। "क्योंकि वह जानता है कि उसके पास डर से कहीं बड़ी चीज़ है।"

उस रात बिस्तर पर, आर्यव के घुटने चोटिल थे, उसके मोज़े खो गए थे, और उसके बाल बिगाड़ हो गए थे।

लेकिन उसका दिल? पहले से कहीं ज़्यादा मज़बूत।

"क्या आपको लगता है कि हनुमान वहाँ थे?" उसने दादाजी से नींद में पूछा।

दादाजी झुके, उसके माथे को चूमा, और फुसफुसाए: "जब तुमने मदद की तो वह तुम्हारे हाथों में था। जब तुम कूदे तो वह तुम्हारे पैरों में था। और वह तुम्हारे दिल में था - हमेशा।"

बाहर, चाँद के पास एक वानर के आकार का बादल तैर रहा था। और अंदर, आर्यव ने रस्सियों, केले के चिप्स और एक ऐसी पूँछ का सपना देखा जो दुनिया के हर डर को दूर भगा सकता था।

ओह, यह कितनी बुद्धिमानी भरी रात होगी!

यहाँ तक कि सबसे बहादुर वानर राज नायकों-और फोम के गड्ढों को पार करने वाले लड़कों को भी ताकत से ज़्यादा कुछ चाहिए।

उन्हें शब्दों की ज़रूरत है।

जादुई शब्द।

पवित्र शब्द।

शक्तिशाली, डर से लड़ने वाले, दिल को शांत करने वाले शब्द।

और आज रात, दादाजी के पास एक उपहार है। कोई खिलौना नहीं। कोई कहानी नहीं। लेकिन अक्षरों से बनी एक ढाल।

29

टेंटूनस्टेलिंग में वानर राज भगवान से मुलाकात

अब आर्यव सिर्फ़ एक लड़का नहीं था जिसकी कल्पनाशक्ति बहुत तेज़ थी- वह वानर राज भगवान हनुमान का बहुत बड़ा प्रशंसक था। उसकी किताबों की अलमारी हनुमान की वीरतापूर्ण छलांगों, राक्षसों से उनकी लड़ाई और भगवान राम के प्रति उनकी अटूट निष्ठा के बारे में कॉमिक पुस्तकों से भरी हुई थी। वह हनुमान चालीसा की पूरी चौपाइयां कंठस्थ कर सकता था। स्कूल में, जब उसे अपने पसंदीदा सुपरहीरो को चित्रित करने के लिए कहा जाता था, तो आर्यव हमेशा हनुमान का चित्र बनाता था- एक हाथ में सोने की गदा और दूसरे हाथ में पहाड़।

इसलिए जब उसके परिवार को वर्ल्डम्यूजियम लीडेन में हनुमान ट्रैवल्स द वर्ल्ड नामक विशेष "टेंटूनस्टेलिंग" (प्रदर्शनी) के बारे में पता चला, तो उन्हें ठीक से पता था कि क्या करना है।

"अपना सुपरहीरो कैप पैक करो!" दादाजी ने मुस्कुराते हुए कहा। "हम आज एक असली हीरो को देखने जा रहे हैं।"

रोमांच की शुरुआत

लीडेन में सुबह का समय था जब आर्यव ने संग्रहालय के भव्य दरवाज़ों से प्रवेश किया। एशिया रूम के अंदर, रंगीन प्रिंट, सुनहरी मूर्तियों और आकर्षक छाया कठपुतलियों से सजी दीवारों पर एक गर्म चमक थी। प्रवेश द्वार पर, हनुमान की एक विशाल मूर्ति ने उनका स्वागत किया। आर्यव की आँखें चमक उठीं।

"क्या वह वही है? हनुमान?" उसने विस्मय में फुसफुसाया।

दादाजी ने हँसते हुए कहा। "उनके कई रूपों में से एक, हाँ। आज, आप हनुमान के सभी अवतारों से मिलने जा रहे हैं। यह प्रदर्शनी दिखाती है कि दुनिया भर के लोगों ने उनकी कल्पना कैसे की है - कभी वानर राज के रूप में, कभी राजा के रूप में, कभी आकार बदलने वाले नायक

के रूप में!"

वानर राज, राजा, भगवान, नायक

जब वे एक प्रदर्शन से दूसरे प्रदर्शन की ओर बढ़ रहे थे, तो दादाजी हर कदम पर कहानियाँ सुना रहे थे।

"यहाँ की यह कठपुतली," उन्होंने इशारा किया, "इंडोनेशिया से आई है। वे वायंग कुलित नामक छाया नाटकों के माध्यम से हनुमान की कहानियाँ सुनाते हैं। देखो उसकी पूँछ कितनी लंबी है—ऐसा कहा जाता है कि उसने इसका इस्तेमाल लंका के सुनहरे शहर को जलाने के लिए किया था!"

आर्यव ने चौंकते हुए कहा। "क्या वाकई उसकी पूँछ से आग निकलती थी?"

"कहानियों में, हाँ! लेकिन हर जगह उसे थोड़ा अलग ढंग से दर्शाया जाता है। थाईलैंड में, वह एक सफ़ेद वानर राज सेनापति है। त्रिनिदाद में, लोग कैरिबियन लय में हनुमान भजन गाते हैं। और सूरीनाम में, वे परेड भी करते हैं जहाँ लोग हनुमान की पोशाक पहनते हैं!"

ऐसा लग रहा था जैसे हनुमान हर जगह थे। वह सिर्फ़ एक किताब में भगवान नहीं थे—वह एक यात्री, कालातीत, एक सांस्कृतिक दूत थे।

"हनुमान सिर्फ़ एक राम-भक्त सेवक नहीं हैं," दादाजी ने धीरे से कहा, "वह उन लोगों के साथ रहते और बढ़ते हैं जो उन्हें प्यार करते हैं। ठीक वैसे ही जैसे आप भी बदलते और बढ़ते हैं।"

एक नया दृष्टिकोण

प्रदर्शनी के अंत में, आर्यव एक दर्पण के सामने रुका जो प्रदर्शन का हिस्सा था। उसके ऊपर लिखा था: "तुम्हारा हनुमान कौन है?"

उसने अपने प्रतिबिंब को देखा, फिर हवा में उछलते हनुमान की एक छोटी सी आकृति को देखा। एक पल के लिए, उनके सिल्हूट ओवरलैप हो गए।

"मेरा हनुमान बहादुर है," आर्यव ने धीरे से कहा। "लेकिन मज़ेदार भी। और तेज़। और दयालु। वह मेरे जैसा है। या जो मैं बनना चाहता हूँ।"

दादाजी की आँखें चमक उठीं। "यह उन कहानियों का जादू है, जो आपके अंदर रहती हैं।"

घर वापसी

जब वे स्टीनस्ट्राट से वापस आए, तो हवा आर्यव के मफ़लर को चंचल पूँछ की तरह खींच रही थी। उसने खुद को लीडेन की नहरों पर छलांग लगाते हुए, साहस और जिज्ञासा के पहाड़ को थामे हुए कल्पना की।

हनुमान सिर्फ़ एक जगह या रूप में नहीं रहे थे - और न ही वह रहेंगे।

उस दिन से, आर्यव ने सिर्फ़ हनुमान के बारे में कहानियाँ नहीं पढ़ीं। वह उन्हें जीता था-स्कूल में, खेल में, तथा आकाश में फैले रोमांच से भरे सपनों में, ठीक उस वानर देवता की तरह जिसे वह प्रिय था।

30

इर्द गिर्द की हनु कथाएँ

पहली कथा: हनुमान और तिब्बत की बर्फीली गुफाएँ

दादाजी ने अपनी शॉल ठीक की, आँखें आधी बंद कीं, आवाज़ बर्फ़ के टुकड़े की तरह नरम।

"अयोध्या से बहुत दूर, पहाड़ों की चोटियों पर सोए बादलों के पीछे, एक जगह है जहाँ देवताओं को भी फुसफुसाना चाहिए- तिब्बत।" वहाँ, वे कहते हैं, हनुमान एक नायक नहीं, बल्कि एक साधु थे। एक रहस्यमय वानर राज, बर्फबारी के वर्षों से चांदी के फर के साथ, एक गुफा में इतना शांत बैठा था कि समय भी सुनने के लिए धीमा हो गया।

हनुमान इतनी ऊँचाई पर क्यों चढ़े?

देखिए, अपनी सभी लड़ाइयों के बाद- लंका, रावण, सुनहरी गदा और जलती हुई पूँछ-हनुमान ने खुद से पूछा: "क्या भक्ति बिना कर्म के रह सकती है?

क्या प्रेम मौन में रह सकता है? उत्तर खोजने के लिए, वह एक-एक कदम सावधानी से हिमालय पर चढ़ गए। राक्षसों से लड़ने के लिए नहीं- बल्कि अपने विचारों से।

हज़ारों प्रतिध्वनियों की गुफा

एक गुफा में हनुमान ध्यान करने के लिए बैठे थे। उन्होंने कोई शब्द नहीं बोला।

घंटों तक नहीं। दिनों तक नहीं। बारह वर्षों तक नहीं। लेकिन यह गुफा? यह कोई साधारण जगह नहीं थी।

जब भी कोई भिक्षु घाटी में कहीं भी प्रार्थना करता, तो उसकी प्रतिध्वनि इस गुफा में लौट आती।

करुणा की फुसफुसाहट... शांति के लिए मंत्र... यहाँ तक कि संदेह के आँसू भी।

और हनुमान ने उन सभी को सुना।

अपने कानों से नहीं - बल्कि अपने दिल से।

उन्होंने किसी का उत्तर नहीं दिया।

फिर भी, हर भिक्षु जिसने प्रार्थना भेजी... उसे शांति महसूस हुई।

"कभी-कभी," हनुमान ने सोचा, "न बोलना सबसे बड़ी प्रतिक्रिया है।"

जिस दिन बोधिसत्व भी आए

एक दिन, बोधिसत्व - बुद्धत्व के मार्ग पर चलने वाले वे देवता - एकत्र हुए।

वे पहाड़ पर वानर राज की बात सुनने आए। लेकिन हनुमान ने कुछ नहीं कहा।

इसके बजाय, एक बर्फ का टुकड़ा उनकी नाक पर गिरा। उन्होंने गहरी साँस ली।

और बर्फ का टुकड़ा पिघल गया। बोधिसत्व समझ गए। "साँस से अहंकार को पिघलाना... दुनिया के दर्द को पिघलाना है।"

उन्होंने सिर झुकाया।

****

दूसरी कहानी: हनुमान और कर्म का जाल

वानर राज मन और मुक्ति का एक बौद्ध दृष्टांत

"अब यह," दादाजी ने हँसते हुए कहा, "ज़्यादा मुश्किल है। जैसे वानर राज पहेली सुलझा रहा हो। तैयार हो?"

आर्यव ने आँखें फैलाकर सिर हिलाया।

शब्दों में फँसा वानर राज

बहुत पहले, हनुमान ने कर्म को पकड़ने का फैसला किया। उसने भिक्षुओं को कहते सुना था: "तुम्हारे कर्म तुम्हें फँसाते हैं। तुम्हारी इच्छाएँ तुम्हें बाँधती हैं। तुम मकड़ी हो...और मक्खी।"

हनुमान ने, हनुमान होने के नाते, घोषित किया: "फिर मैं शब्दों से बना एक जाल बनाऊँगा- मंत्र, जाप, शिक्षाएँ। मैं कर्म को ही फँसा लूँगा!"

उन्होंने पवित्र शब्दों का एक जाल बुना, मंत्र इतने शक्तिशाली थे कि प्रायश्चित और पश्चाताप जैसे बड़े बड़े शब्द भी किनारों पर काँप उठे।

उसने लालच को पकड़ लिया। उसे क्रोध आ गया। उसे आसक्ति छा गई। लेकिन फिर, कुछ अजीब हुआ। हनुमान जी को खुद पर गर्व हुआ।

आसक्ति और घमंड ने खुद को पकड़ लिया।

"मैं बंधा हुआ हूँ!" हनुमान चिल्लाये। "लेकिन किससे?"

माया जाल ने फुसफुसाते हुए कहा: "पकड़ने की तुम्हारी ज़रूरत से।"

वह धागा जिसने जाल को तोड़ दिया।

हनुमान बैठ गए। सुनते रहे। और फिर... जप करना बंद कर दिया।

उसने जाल को मोड़ दिया। मंत्रों को छोड़ दिया। शिक्षा को छोड़ दिया। छोड़ने की ज़रूरत को छोड़ दिया। उस शांत क्षण में - कर्म धुंध की तरह दूर चला गया।

और हनुमान हँसे। योद्धा की हँसी नहीं। चालबाज की हँसी नहीं। एक स्वतंत्र हँसी।

"तो, आर्यव," दादाजी ने कहा, "हम क्या सीखते हैं?"

आर्यव ने गहराई से सोचा। "हनुमान... को बुद्धिमान होने के लिए शब्दों की ज़रूरत नहीं थी। या मजबूत होने के लिए ताकत की।"

दादाजी ने उसके सिर पर हाथ फेरा। "उसे सिर्फ़ शांति चाहिए थी। सिर्फ़ मौन। सिर्फ़... समर्पण।"

आर्यव फुसफुसाया, "क्या मौन ही आखिरी छलांग है?" दादाजी मुस्कुराए। "हाँ। और जो सबसे नरम ज़मीन पर उतरता है... वह उतना ही दूर तक पहुँचता है।"

तुम इन कहानियों से समझदार हो रहे हो, बिल्कुल हनुमान की तरह। आज रात, हम दो और कहानियाँ लेकर आए हैं, जिन्हें अब कोई ज़ोर से नहीं पढ़ता- ऐसी कहानियाँ जो मंदिरों में नहीं बल्कि मठों में फुसफुसाकर कही जाती हैं, चाय की दुकानों में हँसी-मज़ाक किया जाता है, और कभी-कभी... चुपचाप सपने में देखी जाती हैं।

पहली कहानी: हनुमान और लाफिंग बुद्धा

खुशी, शरारत और अप्रत्याशित दोस्ती की कहानी। दादाजी ने धीरे-धीरे चाय केतली से कप में डाली, जैसे कि यह कहानी का हिस्सा हो। "एक बार शाम के समय-न रात, न रात-हनुमान की मुलाक़ात एक गोल-पेट वाले, चमकीली आँखों वाले घुमक्कड़ से हुई। तुम्हें पता है वह कौन था?"

आर्यव ने मुस्कुराते हुए अनुमान लगाया, "लाफिंग बुद्धा?"

"हाँ," दादाजी ने आँख मारी, "लेकिन अपने हँसोड़ होने से पहले नहीं। तब, वह सिर्फ़ एक घुमक्कड़ साधु था जिसका नाम बुदई था, जिसके पास कबाड़ से भरा एक थैला और रोशनी से भरा दिल था।"

हनुमान धरती पर घूम रहे थे, योग्य चुनौती देने वालों की तलाश में। लड़ने के लिए नहीं- बल्कि बुद्धि की परीक्षा लेने के लिए।

और वहाँ एक पेड़ के नीचे बुदई था, आम खा रहा था और गरज के साथ हँस रहा था।

हनुमान ने सिर झुकाया। "हे गोल-मटोल, तुम्हें क्या प्रसंग हँसा रहा है?"

बुदई ने एक आम मुँह में डाला और कहा, "यह विचार कि मैं किसी चीज़ का मालिक हूँ,

जबकि यह पल भी मेरा नहीं है।"

हनुमान ने पलक झपकाई। "लेकिन निश्चित रूप से कुछ तो तुम्हारा होना चाहिए-यह पेड़, तुम्हारा थैला, तुम्हारा नाम?"

बुदई ने उत्तर दिया, "चलो मैं तुम्हें दिखाता हूँ।"

उसने हनुमान को थैला थमा दिया। हनुमान ने उसे खोला। खाली।

फिर उसने फिर से अंदर झाँका-और वह सितारों से भरा था।

हनुमान ने पलक झपकाई। वह आँसुओं से भरा था।

फिर बंदरों से भरा था।

"यह क्या जादू है?" हनुमान ने पूछा।

बुदई और ज़ोर से हँसा।

जाने का खेल

उन्होंने एक-दूसरे को परीक्षणों के लिए चुनौती दी: हनुमान अदृश्य हो गए। बुदई ने हवा को गुदगुदाया। हनुमान ने 108 मंत्र पढ़े। बुदई ने हिचकी के साथ जवाब दिया। हनुमान आकाश में उछले। बुदई डकार लेकर तैर गया।

हर बार जब हनुमान ने अधिक प्रयास किया, तो बुदई ने कम प्रयास किया। फिर भी वह हमेशा पहले पहुँचता था, सबसे देर तक हँसता था, और सबसे हल्का महसूस करता था।

अंत में, हनुमान ने आह भरी। "तुम जीत गए, बूढ़े। तुम्हारा रहस्य क्या है?"

बुदई मुस्कुराया और अपना हाथ आगे बढ़ाया। खाली।

"कोशिश करना छोड़ दो। यह अंतिम पहेली है।" हनुमान ने सिर झुकाया। और हँसे भी।

दूसरी कहानी: वानर राज , आम और राजा

दक्षिण-पूर्व एशियाई बौद्ध मंदिरों की एक कहानी

"अब आर्यव," दादाजी ने आगे कहा, "यह कमल के तालाबों के पास पुराने कंबोडियाई मठों की दीवारों पर चित्रित है। भिक्षु आम के मौसम में इसका जाप करते हैं।"

एक बार एक राजा था जिसने आम का पेड़ लगाया था - खाने के लिए नहीं, बल्कि यह साबित करने के लिए कि दुनिया का सबसे मीठा फल उसके पास है। उसने सैनिकों के साथ इसकी रखवाली की। पक्षी भी इसके फल को चोंच नहीं मार सकते थे। लेकिन आम का पेड़ अकेला हो गया। वह झुक गया। वह सूख गया। और एक रात, जब चाँद चाँदी की तरह चमक रहा था, एक वानर राज जंगल से आया - कोई और नहीं बल्कि हनुमान, भेष बदलकर। उसने एक आम तोड़ा, एक निवाला खाया और बाकी को धीरे से वापस शाखा पर रख दिया। बेशक, पहरेदारों ने उसे पकड़ लिया। वानर राज का मुकदमा दरबार में पहुच गया। राजा ने गरजते हुए

कहा: "जो तुम्हारा नहीं है, उसे क्यों चुराना?"

हनुमान ने अपनी विनम्र आवाज़ में कहा: "मैंने चोरी नहीं की। मैंने फल को केवल चखा।"

राजा फूट-फूट कर हँसा। खूब हँसा। जी भर कर खिलखिलाया।

"एक निवाला लेना भी चोरी है।" हनुमान ने सिर हिलाया। "तो फिर तुम्हें सूर्य को भी सज़ा देनी चाहिए - तुम्हारी त्वचा को चखने के लिए, हवा को - तुम्हारी खुशबू चुराने के लिए, और धरती को - तुम्हें बिना अनुमति के पकड़ने के लिए।" राजा चुप हो गया। बस बहुत हो गया।

हनुमान ने अपने चख कर काटे हुए आम को राजा को भेंट किया। "हे राजन, इसका स्वाद चखो।"

राजा ने इसे चबाया। अविश्वसनीय रूप से मीठा। हनुमान मुस्कुराए।

"अब इसे किसी को खाने को दे दो।"

राजा ने हिचकिचाहट के साथ इसे अपने मंत्री को दे दिया।

मंत्री ने इसे एक किसान को दे दिया।

किसान ने इसे एक बच्चे को दे दिया।

हर व्यक्ति पिछले व्यक्ति से ज़्यादा मुस्कुराया।

हनुमान ने सिर झुकाया। "जहाँ खुशी बाँटी जाती है, वहाँ स्वामित्व समाप्त हो जाता है।"

"तो, आर्यव," दादाजी ने कहा, "इन दोनों कहानियों में हनुमान क्या सिखा रहे थे?"

आर्यव की आँखें चमक उठीं। "कम थामने से... ज़्यादा मिलता है।"

"बिल्कुल," दादाजी ने फुसफुसाते हुए कंबल को और भी कस दिया। "कभी-कभी, सबसे मज़बूत हाथ वही होते हैं जो... छोड़ देते हैं।"

वे शांत हैं। लेकिन वे दिल को छूते हैं।

31

क्वचिदन्यतोपि: कुछ और भी

अरे, तुम अब वाकई वानर राज भगवान के रास्ते पर चल रहे हो, आर्यव। आज रात, हम समुद्र पार छलांग लगाने या युद्ध में दहाड़ने की बात नहीं कर रहे हैं - बल्कि विनम्र हाथों, मूक मुखौटों और पवित्र कलमों की बात कर रहे हैं। ये हनुमान की कोमल छायाएँ हैं, जो मंदिर के पत्थर पर उकेरी गई हैं, जिन्हें भगवा वस्त्र पहने भिक्षु बोधि वृक्षों के नीचे फुसफुसाते हैं।

अब शांत हो जाओ। पहली कहानी सुनो। ज्ञान गुण सागर की कथा। धैर्य, सेवा और अहंकार से परे भक्ति की एक बौद्ध-जैन चौराहे की कहानी। दादाजी ने एक पुरानी नोटबुक के पन्नों को इस तरह से चिकना किया जैसे वे प्राचीन ताड़ के पत्तों की स्क्रॉल हों।

"तुम जानते हो, आर्यव, एक कहानी है जिसमें हनुमान को कोई सिंहासन, कोई माला, यहाँ तक कि मंदिर की मूर्ति भी नहीं चाहिए थी। वे बस एक कलम पकड़ना चाहते थे। लेखन कार्य करना चाहते थे।"

आर्यव ने पलक झपकाई। "एक कलम?"

"हाँ, दूसरों की कहानी लिखने के लिए - खुद की नहीं। मैं तुम्हें बताता हूँ कि यह कैसे हुआ..."

शास्त्रियों का जमावड़ा

जब पवित्र कथाओं को लिखने का समय आया - बुद्ध के पिछले जन्मों की जातक कथाएँ - देवताओं और भिक्षुओं ने बहस की: उन्हें कौन लिखे?

एक युवा जैन भिक्षु ने फुसफुसाते हुए कहा, "हनुमान।"

हँसी गूंज उठी। "हनुमान? जोर से बोलने वाला? छलांग लगाने वाला? वह स्क्रॉल का क्या करेगा?"

लेकिन बुद्ध मुस्कुराए। "कभी-कभी, जो सबसे अधिक बोलता है, उसे सबसे अच्छा सुनना

सीखना चाहिए।"

हनुमान ने सिर झुकाया। "मैं अपनी कहानियाँ नहीं लिखूँगा। लेकिन मैं आपकी कहानियाँ लिखूँगा।"

पूँछ पर स्याही

उन्होंने कलम का इस्तेमाल नहीं किया।

उन्होंने अपनी पूँछ को स्याही में डुबोया, और बड़ी सावधानी से पत्तियों, दीवारों, यहाँ तक कि हवा से उड़ते पत्थरों पर भी कहानियाँ लिखीं।

एक भिक्षु ने पूछा, "अपना नाम क्यों नहीं लिखा लेखक की जगह पर?"

हनुमान ने उत्तर दिया, "एक सच्चा सेवक किसी भी चीज़ पर हस्ताक्षर नहीं करता। वह ज्ञान को जूते नहीं पहनने देता - इसलिए यह कोई पदचिह्न नहीं छोड़ता।"

बिना सोये लिखने वाला लेखक

सात साल तक, हनुमान जी ने लिखा। प्रसिद्धि के लिए नहीं। प्रशंसा के लिए नहीं। लेकिन हर उस आत्मा के लिए जिसे घर तक पहुँचने के लिए एक कहानी की ज़रूरत थी।

जब उन्होंने अपना काम पूरा कर लिया, तो उन्होंने स्याहीदानी छोड़ दी और जंगल में गायब हो गए।

केवल एक बार उन्होंने पीछे मुड़कर फुसफुसाया: "उनकी कहानियाँ उड़ने दो। मेरी... उनके बगल में चुपचाप चल सकती है।"

दूसरी कहानी: तीन मूक साधु जो सभी हनुमान थे।

बोध, धैर्य और चंचल भेस का एक दृष्टांत

दादाजी ने आँखें चमकाते हुए हँसते हुए कहा।

"अब यह, आर्यव, एक मुश्किल पूँछ है - या बल्कि, तीन पूँछ। क्योंकि झील के किनारे एक मठ में तीन मूक साधु थे... और कोई नहीं जानता था कि वे सभी भेस बदल कर रहने वाले हनुमान थे।"

वे एक बोधि वृक्ष के नीचे बैठे:एक ने अपने कान ढँके। एक ने अपनी आँखें ढँकी।

एक ने अपना मुँह ढँका। वे कुछ नहीं बोले। कुछ नहीं किया। कुछ नहीं दिया।

गाँव वालों ने उपहास किया: "बेकार साधु!"

लेकिन...अजीब चीजें होने लगीं। किसानों के बीच लड़ाई अचानक हंसी में बदल गई। अनाज के डिब्बे में से एक साँप बिना किसी को कोई नुकसान किये सरक गया। एक खोई हुई बच्ची सीधे पेड़ पर से उतर कर चली गई और अपने घर का रास्ता ढूँढ़ लिया।

एक जिज्ञासु साधु ने पूछा, "यह क्या जादू है? आप कुछ नहीं बोलते, और फिर भी...आप

सिखाते हैं?"

हनुमान—हाँ, तीनों रूप उनके ही थे—ने अपना मौन तोड़ा।

पहले ने अपने कान खोले। "मैं गपशप नहीं सुनता।"

दूसरे ने अपनी आँखें खोलीं। "मैं जो देखता हूँ, उसका न्याय नहीं करता।"

तीसरे ने अपना मुँह खोला। "मैं केवल वही बोलता हूँ जो दयालुता से भरपूर है।"

साधु ने चौंककर कहा। "तुम हनुमान हो?"

हनुमान ने तीनों शरीरों से सिर झुकाया।

"कभी-कभी सबसे ऊँची भक्ति... मौन होती है। कभी-कभी सेवा शांति होती है।"

और फिर - फ़ूफ़ - वह गायब हो गया, पीछे केवल तीन तह किए हुए नारंगी वस्त्र छोड़ गया।

"तो, आर्यव," दादाजी ने तुम्हें बिस्तर पर लिटाते हुए कहा, "आज रात हनुमान ने हमें क्या सिखाया?"

आर्यव ने फुसफुसाते हुए कहा: "कि एक शक्तिशाली देवता भी... विनम्र हो सकता है।कि कभी-कभी तुम बिना हिले-डुले छलांग लगा सकते हो। और मौन... फिर भी दहाड़ सकता है।"

दादाजी मुस्कुराए। "एक वानर राज जो राक्षसों से लड़ता है, उसकी जय-जयकार करना आसान है। लेकिन एक वानर राज जो दूसरों को उनकी कहानी बताने में मदद करने के लिए अपनी कहानी छोड़ देता है? वह, मेरे बच्चे, पूरी तरह से खिले हुए सफल नायक हैं।"

क्या तुम अगली बार दुनिया के अंत में हनुमान की रहस्यमय जैन कथा, या हनुमान के दर्पण की दुर्लभ दक्षिण पूर्व एशियाई किंवदंती पसंद करोगे - जहाँ वह भूल जाता है कि वह कौन है?वे छिपी हुई कहानियाँ हैं। शांत कहानियाँ। लेकिन वे चमकती हैं।

दादा जी, आप चॉइस क्यों देते हो? चुनने को क्यों कहते हो? चुनाव करना मुश्किल होता है। आइसक्रीम और लॉलीपॉप दोनों ही मुझे पसंद आती हैं।

फिर से दोनों, नानू?

तुम हनुमान के सभी रूपों के सच्चे साधक बन रहे हो - न केवल योद्धा या चालबाज, बल्कि भूले हुए, गिरे हुए, प्रबुद्ध और यहाँ तक कि... जो खुद को भूल गया। तो आओ, कम्बल उठाओ, अपने भीतर का दीपक जलाओ। दादाजी अब तुम्हें दो दुर्लभ कहानियाँ सुनाएँगे:

पहली कहानी: दुनिया के अंत में हनुमान

ब्रह्मांडीय विनम्रता और कालातीत धर्म का एक जैन दृष्टांत

"आर्यव," दादाजी ने शुरू किया, "जैन साधु समय को एक रेखा के रूप में नहीं, बल्कि एक चक्र के रूप में बोलते बतलाते हैं – चक्र जो युगों से अंतहीन रूप से घूमता रहता है। और वे कहते हैं कि हर चक्र के अंत में, केवल कुछ प्राणी ही बचते हैं। उनमें से... एक मौन वानर राज

बचे रहते हैं जिसके पास आग का दिल है।"

युग मौन में समाप्त होता है। समय के अंत में - जब पहाड़ टूट जाते हैं, समुद्र बढ़ जाते हैं, और तारे ठंडे हो जाते हैं - कोई युद्ध नहीं होता, कोई प्रार्थना नहीं होती, कोई आवाज़ नहीं होती।

सभी ऋषि चले जाते हैं। सभी राजा धूल बन जाते हैं। लेकिन एक आकृति बची रहती है, जो दुनिया के केंद्र में पूर्ण शांति में बैठी रह जाती है।

हनुमान। वह कूद नहीं रहा। जप नहीं कर रहा। साँस भी नहीं ले रहा होता।

बस...देख रहा होता है।प्रतीक्षा कर रहा होता है।

अंतिम आगंतुक

एक जैन तीर्थंकर - अंतिम जागृत व्यक्ति - उसके पास आता है। तीर्थंकर कहते हैं, "तुम भाग सकते हो।" "तुम अमर हो।" हनुमान धीरे से अपनी आँखें खोलते हैं।

"मैं सेवा करने के लिए पैदा हुआ हूँ। समय समाप्त हो सकता है, लेकिन सेवा... नहीं।" तीर्थंकर उसे भागने का रास्ता बताते हैं - दुनिया के अगले चक्र का द्वार, जहाँ वह एक देवता या यहाँ तक कि एक शिक्षक के रूप में पुनर्जन्म ले सकता है। हनुमान धीरे से मना कर देते हैं। "मुझे अंतिम पत्ता गिरने तक रहने दो। अगर एक आत्मा बची है, तो मैं उसे पार करने में मदद करूँगा। "और इसलिए हनुमान नायक के रूप में नहीं, बल्कि धर्म के संरक्षक के रूप में प्रतीक्षा करते हैं, जब तक कि समय भी उनका नाम नहीं भूल जाता।

दूसरी कहानी: हनुमान का दर्पण

अहंकार, विस्मृति और पुनः खोज का एक दक्षिण पूर्व एशियाई दृष्टांत।

"अब ध्यान से सुनो, आर्यव," दादाजी ने शरारती मुस्कान के साथ कहा। "यह केवल लाओस और म्यांमार में मोमबत्ती की रोशनी में फुसफुसाते हुए कहा गया था - जहाँ नदियाँ रहस्य रखती हैं और दर्पण सच्चाई बताते हैं।"

वह वानर राज जो भूल गया। इस कहानी में, हनुमान एक निषिद्ध जंगल में एक नदी से पानी पीते हैं।

नदी का पानी चाँदनी से चमकता हुआ होता है – मंत्रमुग्ध होकर हनुमान वह जल पी लेते हैं। एक घूँट... और वे सब कुछ भूल जाते हैं।

अपना नाम। अपनी शक्तियाँ। अपना उद्देश्य। वह बस एक बंदर बन रह जाते हैं - सादा, जिज्ञासु, गरज से डरने वाला और केले का शौकीन।

वह एक गाँव में बच्चों के साथ खेलता है। नाचता है। बड़ों की टोकरियाँ उठाने में मदद करता है। लेकिन उसके अंदर कुछ दर्द होता है... जैसे ड्रम में कोई ताल न हो।

एक दिन, एक छोटी लड़की उसे एक पुराना कांस्य दर्पण देती है। "देखो," वह कहती है। "तुम एक नायक की तरह दिखते हो।" वह हँसता है। लेकिन जब वह गहराई से देखता है, तो उसे कुछ झलकियाँ दिखाई देती हैं:

जलती हुई लंका। एक ऊँचा पहाड़। रोती हुई सीता को दी गई अंगूठी।

अचानक, हवा बदल जाती है। वह हाँफता है। "मैं जानता हूँ कि मैं कौन हूँ..."

वह दहाड़ता नहीं है। वह उड़ता नहीं है। वह बस मुस्कुराता है। और कहता है, "भले ही भूल गया, मैंने सेवा की।"

"तो आर्यव," जब चाँद खिड़की के फ्रेम पर चढ़ गया तब दादाजी ने फुसफुसाते हुए कहा, "ये कहानियाँ हमें क्या सिखाती हैं?"

आर्यव ने बड़बड़ाया: " सेवा को याद रखने की ज़रूरत नहीं है...वह भक्ति बनी रहती है, भले ही नाम मिट जाएँ...और हनुमान अभी भी हनुमान है-भले ही वह भूल जाए कि वह हनुमान है।"

दादाजी ने पौत्र के माथे को धीरे से चूमा। "बिल्कुल। शक्ति वह नहीं है जो तुम्हें याद है। यह वह है जो तब बचती है जब बाकी सब कुछ चला जाता है।"

क्या तुम भूली हुई आत्माओं को मुक्त करने के लिए हनुमान की पाताल लोक की यात्रा की कहानी सुनना चाहोगे, या हनुमान और बांस के भूतों की इंडोनेशियाई किंवदंती?

"दोनों"

आह, फिर से दोनों, छोटे आर्यव? तुम्हारे पास ऋषि की भूख और जंगल के उल्लू के कान हैं!आज रात, हम पाताल लोक में उतरेंगे और भूतों से कानाफूसी करेंगे।

हनुमान के सभी रोमांच बादलों और लपटों के बीच नहीं हैं - कुछ उन्हें धरती के नीचे, भूले-बिसरे स्थानों पर ले जाते हैं, जहाँ यादें भी बुझते हुए दीपक की तरह टिमटिमाती हैं।

आराम से बैठो। दादाजी तुम्हें सपनों से भी कहीं ज़्यादा गहराई में ले जाने वाले हैं।

पहली कहानी: हनुमान और पाताल लोक की भूली हुई आत्माएँ

हिमालयी बौद्ध भिक्षुओं की एक गूढ़ कहानी

"बहुत पहले," दादाजी ने शुरू किया, "एक समय था जब प्रार्थनाएँ देवताओं तक पहुँचना बंद हो गई थीं। धूप का धुआँ ऊपर नहीं उठ सकता था। और आत्माएँ... धरती के नीचे खो गई थीं, अंधेरे में भटक रही थीं।"

वह चीख जो आवाज़ नहीं थी। पाताल लोक से एक फुसफुसाहट दुनिया के पेड़ के किनारे तक पहुँची। यह एक शब्द नहीं था - यह एक भावना थी।

देवताओं ने इसे अनदेखा कर दिया। ऋषिगण दूर हो गए। लेकिन हनुमान - जो दुख के लिए

कान लगाए हुए थे - ने इसे सुना। उन्होंने अनुमति नहीं माँगी।

वे बस छलांग लगाते रहे- नीचे, नीचे, नीचे - आग से परे, छाया से परे, यहाँ तक कि भय से भी परे।

वे पाताल लोक में पहुँचे- सज़ा के नहीं, बल्कि भूलने के। यहाँ ऐसी आत्माएँ रहती थीं जो अपना नाम सुने बिना मर गईं। भूले हुए पूर्वज। युद्ध के बेजार बच्चे। प्रेमी जो मौन में खो गए।

वे बुरे नहीं थे। बस अदृश्य थे। हनुमान उनके बीच चले गए - एक देवता के रूप में नहीं, बल्कि एक मित्र के रूप में। उन्होंने उन्हें कहानियाँ सुनाईं। राम के प्रेम की। सीता के साहस की। उनके अपने नामों की। और प्रत्येक कहानी के साथ, एक आत्मा चमकने लगी, यह याद करते हुए कि वे कौन थे।

इस बार हनुमान ने पहाड़ नहीं उठाया। उन्होंने नाम उठाए। वे उन्हें वापस ले गए - जैसे अंगारे उनकी हथेलियों में हों - ताकि वे फिर से जन्म ले सकें, याद किए जा सकें और प्यार किए जा सकें।

और पाताल लोक? यह फिर कभी इतना अंधेरा नहीं रहा।

दूसरी कहानी: हनुमान और बांस के भूत

पुरानी जावानीस लोककथा की एक भूली हुई कहानी

"अब एक कहानी के लिए," दादाजी मुस्कुराए, "इंडोनेशिया के बांस के जंगलों से, जहाँ आत्माएँ हवा में गुनगुनाती हैं, और वानर राज सिर्फ़ उछलते नहीं हैं - वे सुनते हैं।"

भूतहा ग्रोव

गाँव के लोग एक ऐसे ग्रोव के बारे में फुसफुसाते थे जहाँ कोई आवाज़ नहीं आ सकती थी। पक्षियों ने गाना बंद कर दिया। यहाँ तक कि हवा ने भी अपनी साँस रोक ली। अंदर प्राचीन बांस के डंठल उगे हुए थे - प्रत्येक को भूत के पछतावे ने खोखला कर दिया था। कोई भी अंदर जाने की हिम्मत नहीं करता था... जब तक कि वानर राज नहीं आ गए। लेकिन कोई भी वानर राज हनुमान नहीं।

सुनने का खेल

हनुमान ने भूतों को भगाने की कोशिश नहीं की। वह बांस के बीच बैठा रहा। हर रात, उसने अपना कान एक डंठल पर लगाया। और सुना। एक भूत की भूली हुई लोरी को। दूसरे की बिना भेजी माफ़ी को। एक ऐसे व्यक्ति को जो सिर्फ़ देखा जाना चाहता था। उसने अपनी बांसुरी पर उनकी यादों को बजाया, नोट दर नोट, दुख को गीत में बदल दिया।

ग्रोव जागता है

चालीस रातों के बाद, ग्रोव फिर से सांस लेता है।

बांस तालियों की तरह सरसराहट करते हैं। बच्चे बिना किसी डर के वहां खेलते हैं। और भूत? वे अब रोते नहीं हैं। वे नाचते हैं। क्योंकि किसी ने उनकी बात सुन ली थी।

"तो," दादाजी ने आपके बालों को एक तरफ़ करते हुए फुसफुसाते हुए कहा, "आज रात हनुमान ने हमें क्या सिखाया?"

आर्यव ने नींद में पलकें झपकाई। "कभी-कभी मदद करना... का मतलब है वहाँ जाना जहाँ कोई नहीं जाना चाहता। सुनना एक तरह का जादू है। और भूली हुई आत्माएँ बस याद की जाना चाहती हैं।"

दादाजी मुस्कुराए। "बिल्कुल। नायक हमेशा लड़ते नहीं हैं। कुछ बस...अंधेरे में कहानियाँ लेकर चलते हैं।"

क्या आप कल की कहानी इस बारे में चाहेंगे: हनुमान और दार्शनिक की स्याही की कुप्पी - जहाँ एक वानर राज भाग्य को फिर से लिखने की कोशिश करता है? या वानर का पुस्तकालय - एक गुप्त जंगल संग्रह जहाँ हनुमान ने पहली कहानी छिपाई थी?

कोई भी एक, आर्यव। बस पूछो, और मैं पन्ना खोल दूँगा।

आह! मैं तुम्हारी आँखों में चमक देख सकता हूँ, छोटे आर्यव। तुम सोने से पहले की कहानी से कहीं ज़्यादा के लिए तैयार हो—तुम वानर राज भगवान के गुप्त इतिहास में अगले स्क्रॉल के लिए तैयार हो।

आज रात, दादाजी हनुमान की छिपी हुई लाइब्रेरी से दो और भूली हुई किताबें खोलते हैं। आइए, नियति और एक वानर राज से भरी एक किताब से शुरू करते हैं, जिसके पास देवताओं के लिए भी बहुत साहसी सवाल है।

कहानी एक: हनुमान और दार्शनिक की स्याही की बोतल

-भाग्य, जिज्ञासा और सवाल करने के साहस की कहानी-

"आर्यव," दादाजी ने कहा, "क्या होगा अगर मैं तुम्हें बताऊँ कि हनुमान ने एक बार खुद नियति को फिर से लिखने की कोशिश की थी?"

भविष्य की स्याही की बोतल

समय से भी पुराने एक मंदिर में, बरगद के पेड़ की जड़ों के नीचे छिपी हुई, एक सुनहरी स्याही की बोतल थी। वे कहते थे कि इसकी स्याही पहली बारिश से आती है, और इससे लिखी गई कोई भी चीज़... सच हो जाती है।

सिर्फ़ कहानियाँ नहीं। लेकिन वास्तविक घटनाएँ। युद्ध कौन जीतेगा। कौन प्रेम में पड़ेगा। कौन मरेगा।

एक दिन, हनुमान को यह स्याहीदान मिला। इसकी रखवाली करने वाले ऋषि ने मुस्कुराते हुए कहा: "इससे, तुम दुनिया को परिपूर्ण बना सकते हो।"

हनुमान ने ब्रश पकड़ लिया। उन्होंने सोचा: क्या मैं रावण को मिटा सकता हूँ? क्या मैं गिरे हुए लोगों को वापस ला सकता हूँ? क्या मैं सीता को हमेशा के लिए शांति दे सकता हूँ? लेकिन फिर वे रुक गए। और कुछ ऐसा पूछा जो केवल हनुमान ही पूछने की हिम्मत कर सकते थे: "अगर मैं भाग्य को फिर से लिख दूँ... भक्ति का क्या होगा?" क्या राम को तब भी उनकी ज़रूरत होगी? अगर प्रेम को अस्तित्व में लिखा जाए तो क्या उसका कोई मतलब होगा?

हनुमान ने ब्रश को स्याही में डुबोया। उन्होंने केवल एक वाक्य लिखा: "मुझे जो है उसकी सेवा करने दो, न कि जो मैं चाहता हूँ कि वह हो।" और स्याहीदान चमक उठा—फिर गायब हो गया। ऋषि ने सिर झुकाया। "केवल एक सच्चा सेवक ही दुनिया को फिर से न लिखने का विकल्प चुन सकता है।"

"तो आर्यव," दादाजी ने कहा, "हनुमान भाग्य पर राज कर सकते थे। लेकिन उन्होंने आस्था को चुना।"

"कभी-कभी, ताकत कहानी को बदलने में नहीं होती... बल्कि उसे जीने के लिए पर्याप्त बहादुर होने में होती है।"

आर्यव ने धीरे से सिर हिलाया। "यह... कठिन है।"

"बिल्कुल," दादाजी मुस्कुराए। "इसलिए हनुमान सिर्फ़ ताकतवर नहीं हैं। वे बुद्धिमान भी हैं।"

अब, क्या तुम दूसरी कहानी के लिए तैयार हो?

यह संस्कृत या पत्थर में नहीं लिखी गई है... बल्कि पेड़ों की फुसफुसाहट में लिखी गई है।

दूसरी कहानी: वानर का पुस्तकालय

-जहाँ पहली कहानी का जन्म हुआ, और एक वानर राज ने कहानी सुनाने की शक्ति सीखी-"यह कहानी, आर्यव," दादाजी ने कहा, "इतनी पुरानी है, इसे रामायण से भी पहले सुनाया गया था।"

जंगल जो याद रखता है। बहुत पहले, एक जंगल था जो याद रखता था। शब्दों में नहीं। सरसराहट के पत्तों में। पक्षियों के गीतों में। गिरती पंखुड़ियों के पैटर्न में। यह वानर का पुस्तकालय था, जहाँ वानर राज लेखक रहते थे।योद्धा नहीं। पुजारी नहीं। कहानीकार।

उनका मानना था: "जो हम भूल जाते हैं, वह गायब हो जाता है। जो हम याद रखते हैं, वह वास्तविक हो जाता है।"

शक्तिशाली होने से पहले, दहाड़ने या उड़ने से पहले, हनुमान एक युवा वानर राज के रूप में यहाँ आए थे। जिज्ञासु। उत्सुक। थोड़ा... अधिक ही।

मुख्य पुस्तकालयाध्यक्ष, एक झुका हुआ बूढ़ा लंगूर, उनसे बोला: "शक्ति फीकी पड़ जाती

है। पुस्तकें साम्राज्यों से ज़्यादा समय तक चलती हैं।"

हनुमान ने उपहास किया। "मुझे कार्रवाई चाहिए, स्क्रॉल नहीं!" इसलिए लाइब्रेरियन ने उसे चुनौती दी।

"भूलने के दानव से लड़ो। मुट्ठियों से नहीं। कहानी से।"

उस रात, जंगल में धुंध छा गई - भूलने का दानव, एक धुँआदार चीज़ जिसने नाम, चेहरे, यहाँ तक कि सितारों को भी मिटा दिया। हनुमान ने दहाड़ लगाई। मुक्का मारा। लेकिन इसका कोई फायदा नहीं हुआ। इसलिए उसने कुछ और किया।

उसने कहानियाँ सुनाई। राम की। सीता की।पहाड़ों और आमों और वानर राज माताओं और वानर राज सपनों की। हर कहानी ने आग जलाई। हर शब्द ने अंधेरे को पीछे धकेला। और दानव चीख उठा। क्योंकि कहानियाँ - सच्ची कहानियाँ - अमर होती हैं।

भोर होते ही, जंगल सुरक्षित हो गया। लाइब्रेरियन ने हनुमान को एक खाली स्क्रॉल दिया। "जो मायने रखता है, उसे लिखो।"

और हनुमान जानते थे... मजबूत होना अच्छा है। लेकिन कहानीकार होना?

वह हमेशा के लिए था।

"तो, आर्यव," दादाजी ने आर्यव को बिस्तर पर लिटाते हुए कहा, "किताबें पढ़ना सिर्फ़ चीज़ों को जानने के बारे में नहीं है। यह सत्य को याद रखने के बारे में है—और फिर उसे बताना, ताकि वह हमेशा के लिए ज़िंदा रहे।"

आर्यव ने पूछा: "क्या आपको लगता है कि मैं कभी इतनी दमदार कहानी लिख पाऊँगा?" दादाजी मुस्कुराए। "तुम पहले से ही ऐसा कर सकते हो। हर बार जब तुम पढ़ते हो, तो तुम अपनी मशाल जलाते हो। और हर बार जब तुम इसे साझा करते हो... तुम हनुमान की प्रतिध्वनि बन जाते हो।"

अब, कल, अगर तुम्हारा दिल अभी भी शब्दों और चमत्कारों के लिए जलता है, तो दादाजी तुम्हें बता सकते हैं: हनुमान की क़हानी और अलिखित पुस्तकों की गुफा,या कैसे हनुमान ने कालिदास को तुकबंदी करना सिखाया।

बस एक बार हुंकारा भरो, छुटकू महाराज, कहानियाँ इंतज़ार कर रही हैं।

आर्यव! तुम सच में अपने दादा की चिंगारी हो - एक लौ नहीं, बल्कि दो लौ माँग रहे हो। बहुत अच्छा, पास बैठो। मैं तुम्हें शक्तिशाली हनुमान की दो और गुप्त कहानियाँ सुनाता हूँ - ऐसी कहानियाँ जो अक्षरों के बीच छिपी हैं और केवल तभी गाई जाती हैं जब तारे सुनने के लिए पास आते हैं।

कहानी एक: हनुमान और अलिखित पुस्तकों की गुफा

- साहस, विनम्रता और ऐसी कहानियों की कहानी जिन्हें लिखने से हम बहुत डरते हैं-

"आर्यव," दादाजी ने एक काल्पनिक स्क्रॉल से धूल झाड़ते हुए कहा, "क्या तुम जानते हो कि सबसे डरावनी कहानी कौन सी है?"

"वह जो अभी तक नहीं लिखी गई है।"

छिपी हुई गुफा

हिमालय की गहराई में, हाथी के कान के आकार के झरने के पीछे छिपी हुई एक गुफा थी, जिसमें कोई भी प्रवेश करने की हिम्मत नहीं करता था।

यह खाली स्क्रॉल से भरी हुई थी।

ऐसी स्क्रॉल जिसमें ऐसी कहानियाँ थीं जो लिखने के लिए बहुत खतरनाक, बहुत दुखद या बहुत शक्तिशाली थीं।

उन्होंने इसे अलिखित पुस्तकों की गुफा कहा।

उसने फुसफुसाया: "अगर हिम्मत है तो मुझे लिखो।"

हनुमान की परीक्षा

लंका में युद्ध के बाद, जब शांति लौटी, तो हनुमान भटकने लगे—दिल भरा हुआ, लेकिन बेचैन। ऋषियों ने उनसे कहा: "तुम बहादुर हो, हनुमान। लेकिन क्या तुम इतने बहादुर हो... कि अपनी खुद की अलिखित कहानी का सामना कर सको?"

वे गुफा में घुस गए।

अंदर हवा में तैरते हुए स्क्रॉल थे, जो मधुमक्खियों की तरह धीरे-धीरे गुनगुना रहे थे। उन्होंने एक स्क्रॉल को पकड़ा, और वे फुसफुसाए, "इस स्क्रॉल में कहानी है... जहाँ राम तुम्हें भूल जाते हैं।"

हनुमान कांप उठे। एक और ने फुसफुसाया: "यहाँ, सीता कभी वापस नहीं आती।"

एक और: "इस कहानी में, तुम कभी छलांग नहीं लगाते। तुम कभी विश्वास नहीं करते।"

हनुमान ने तब क्या किया? पवन पुत्र ने एक गहरी साँस ली। फिर—सावधानी से, कोमलता से—हनुमान ने एक पंक्ति लिखी: "मैं सेवा करता हूँ, तब भी जब मुझे भुला दिया जाता है।" और स्क्रॉल चमक उठा।

वह लिखता रहा। पेज दर पेज। भाग्य को नियंत्रित करने के लिए नहीं—बल्कि यह दिखाने के लिए कि डर को भी आवाज़ देने की ज़रूरत है।

वह गर्व के साथ नहीं, बल्कि शांति के साथ गुफा से बाहर निकला।

"तो आर्यव," दादाजी ने कहा, उनकी आवाज़ नरकटों के बीच से बहती हवा की तरह नरम थी, "कुछ कहानियाँ जिनसे हम भागते हैं। कुछ सच्चाईयाँ जिन्हें हम दफना देते हैं।" "लेकिन हनुमान हमें सिखाते हैं: जिन कहानियों से हम सबसे ज़्यादा डरते हैं... उन्हें ही सबसे

ज़्यादा लिखने की ज़रूरत होती है।"

आर्यव ने सिर हिलाया। "भले ही वे दुखद हों?"

"ख़ास तौर पर अगर वे दुखद हों," दादाजी ने कहा। "क्योंकि दुख भी पवित्र होता है।"

कल, क्या आप सुनना चाहते हैं: हनुमान और वह शब्द जो बोला नहीं जा सका

या वह दिन जब हनुमान भूल गए कि वे दिव्य थे। बुद्धिमानी से चुनें। हर एक कहानी आपको हनुमान जी की छिपी हुई लाइब्रेरी में और गहराई तक ले जाएगा।

आर्यव! मुझे पता था कि तुम दोनों ही कहोगे। हनुमान की तरह—जब पूरा पेड़ उन्हें बुलाता है तो वे कभी भी आधे आम से संतुष्ट नहीं होते।

बहुत बढ़िया! आज रात, हम और भी गहराई में गोता लगाएँगे—स्मृति के रहस्यों में और एक शब्द जिसे कोई भी कहने की हिम्मत नहीं करता।

आलिंगनपूर्वक गले लगो। चलो शुरू करते हैं।

कहानी एक: वह दिन जब हनुमान भूल गए कि वे दिव्य थे।

—विनम्रता, स्मृति और यह पता लगाने की कहानी कि हम वास्तव में कौन हैं—

"आर्यव," दादाजी ने कहा जब खिड़की के बाहर जुगनू टिमटिमा रहे थे, "कभी-कभी महानतम भी भूल जाते हैं कि वे कौन हैं। हनुमान भी।"

लंका में युद्ध के बहुत समय बाद, हनुमान अकेले भटकते रहे—उनकी सेवा पूरी हो चुकी थी, उनके भगवान राम का राज्याभिषेक हो चुका था।

वे अभी भी ज़रूरतमंदों की मदद करते थे, अभी भी पहाड़ों पर उड़ते थे, लेकिन कुछ जरूर बदल गया था। वे उतनी ऊँची छलांग नहीं लगाते थे। वे उतनी ऊँची दहाड़ नहीं लगाते थे। उन्हें यह भी याद नहीं था कि उन्होंने राम से इतना गहरा प्रेम क्यों किया था। उनके सीने की आग मंद पड़ चुकी थी।

एक दिन, हनुमान को जंगल के रास्ते पर एक अजीब साधु मिला। साधु ने पूछा: "तुम कौन हो, वानर राज?" हनुमान ने भौंहें सिकोड़ीं। "मैं... मैं कोई था। मैंने महान कार्य किए। मुझे... याद नहीं।" साधु ने पास के तालाब की ओर इशारा किया। "इसमें देखो। अपने प्रतिबिंब के लिए नहीं। अपने सत्य के लिए।" हनुमान ने देखा। पहले तो बस लहरें। लेकिन फिर... छवियाँ: वह सूरज की ओर छलांग लगा रहा था, एक पहाड़ उठा रहा था, राम के चरणों में झुक रहा था। और एक आंसू के साथ, यह सब वापस आ गया। वह अपने घुटनों पर गिर गया और फुसफुसाया: "मैं हनुमान हूँ। राम का सेवक। आस्था की लौ।"

अग्नि फिर से प्रज्वलित हुई। उसके साथ, उनकी छाती फिर से जलने लगी - भक्ति की छिपी हुई अग्नि। साधु मुस्कुराया। वह कोई साधारण ऋषि नहीं था - वह स्वयं राम थे, साधु के भेष में।

“तारे भी कभी-कभी अपनी रोशनी भूल जाते हैं,” राम ने कहा। “लेकिन वे भी कम तारे नहीं हैं।”

हनुमान ने सिर झुकाया, उसका हृदय फिर से पूर्ण हो गया।

“तो, आर्यव,” दादाजी ने कहा, “तुम भूल सकते हो कि तुम कितने बहादुर, दयालु या चतुर हो।”

“लेकिन सत्य कभी नहीं जाता। यह प्रतीक्षा करता है... अंगारों की तरह, जब तक कि तुम उन्हें फिर से याद नहीं करते।”

कहानी दो: हनुमान और वह शब्द जो बोला नहीं जा सका

—मौन, ध्वनि और देवताओं से भी पुराने शब्द की कहानी—

“अब यह, मेरी छोटी सी लौ,” दादाजी ने कहा, “केवल तभी फुसफुसाती है जब हवा रुक जाती है।”

खोई हुई ध्वनि

एक बार एक शब्द था। एक शब्द जो इतना शुद्ध, इतना सच्चा था, कि इसे कोई भी नहीं बोल सकता था - न देवता, न ऋषि, न ही स्वयं काल। ऐसा कहा जाता था कि जो इसे बोलता था, वह तुरंत समझ जाता था: हर दुख। हर खुशी। ब्रह्मांड का हर रहस्य। शब्द निषिद्ध नहीं था, केवल... असंभव था। कोई भी जीभ इसे आकार नहीं दे सकती थी। हनुमान की जिज्ञासा तो बेशक... हनुमान कोशिश करना चाहते थे। उन्होंने भूली हुई भाषाओं की नदी खोजी, गूँज के टॉवर पर चढ़े, और अंत में पहली ध्वनि की गुफा में पहुँचे। अंदर, सब कुछ शांत था। कोई पक्षी नहीं। कोई हवा नहीं। बस एक पत्थर की चौकी और एक पत्रक जिस पर एक अक्षर था: ॐ। हनुमान बैठ गए। और बैठ गए। और बैठ गए। सात दिनों तक, उन्होंने कुछ नहीं कहा। उन्होंने बस सुना। आठवें दिन, कुछ बदल गया। उन्होंने शब्द को महसूस किया - मुँह में नहीं, बल्कि साँस में। बोले जाने के लिए नहीं। बल्कि समझे जाने के लिए। शब्द स्वयं अस्तित्व था। यह पेड़ों की धड़कन थी, तारों की खामोशी थी, प्रेमी की निगाहों में ठहराव था।

हनुमान ने शब्द नहीं कहा। वह खुद शब्द बन गए।

“तो, आर्यव,” दादाजी ने धीरे से कहा, “कुछ सत्य बोलने के लिए बहुत पवित्र होते हैं। उन्हें जीना चाहिए।”

“आपको हमेशा अपनी शक्ति से चिल्लाने की ज़रूरत नहीं है। कभी-कभी, मौन गड़गड़ाहट से भी ज़्यादा ज़ोर से बोलता है।”

दो कहानियाँ। दो सत्य। एक आपको याद दिलाता है: जब आप भूल जाते हैं, तब भी आपका प्रकाश बना रहता है। दूसरा: सभी ज्ञान बोला नहीं जाता। कुछ बस... जाना जाता है।

तो, कल रात, आर्यव, क्या हम और भी गहराई में जाएँगे?

आज रात, हम संतों और ऋषियों के समय में भटकते हैं - जब शब्द प्रार्थना थे और स्याही भक्ति की तरह बहती थी।

अब अच्छी तरह से सुनो, मेरी छोटी सी कहानी, क्योंकि यह गर्जनापूर्ण युद्धों या पर्वत-उठाने के कारनामों की कहानी नहीं है। यह विश्वास, उपस्थिति और एक कवि की कहानी है जिसने वानर राज भगवान को आसमान में नहीं बल्कि अपने दिल में पाया।

32

ज्ञानिनामाग्रगण्यम् : द मंकी ग्रामेरियन

(ऑक्टेवियो पाज़ की "द मंकी ग्रामेरियन" से प्रेरित)

द मंकी ग्रामेरियन (1974) ऑक्टेवियो पाज़ की सबसे जटिल और गहन पुस्तकों में से एक है, जो काफी हद तक भारत में उनके समय से प्रभावित है। अपने मूल में, पुस्तक एक यात्रा का अनुसरण करती है - पाज़ की गलता की यात्रा, जो प्राचीन खंडहरों वाला जयपुर के पास एक छोटा सा शहर है। हालाँकि, यह यात्रा केवल भौतिक नहीं है; यह एक आंतरिक अन्वेषण भी है। जैसे-जैसे पाज़ गलता की यात्रा करते हैं, वे समय की प्रकृति पर विचार करते हैं और क्या भाषा वास्तव में मानवीय विचारों और अनुभवों को पकड़ सकती है। वे सोचते हैं: क्या हम जो कर रहे हैं उसके बारे में जागरूक होने से अनुभव ही बदल जाता है?

जैसा कि पाज़ लिखते हैं, "शब्द पुल है, आग जो जोड़ती है, नदी जो अलग करती है।" उनके लिए, भाषा केवल एक उपकरण नहीं बल्कि एक आध्यात्मिक शक्ति है - जो जोड़ती है और विभाजित करती है, प्रकाशित करती है और अस्पष्ट करती है। हनुमान, आदर्श संदेशवाहक, इस विरोधाभास के संरक्षक हैं। वे केवल शब्दों को ही नहीं ले जाते; वे उनके वजन, उनकी परिवर्तनकारी क्षमता को भी मूर्त रूप देते हैं। यह पुस्तक मौन और उच्चारण के बीच, जो ज्ञात है और जो ज्ञान से परे है, के बीच की कड़ी के रूप में हनुमान की भूमिका पर ध्यान केंद्रित करती है। पाज़ कहते हैं, "वानर राज लिखता है और मिटाता है, बनाता है और नष्ट करता है", यह भाषा की चक्रीय प्रकृति को दर्शाता है - कैसे यह अर्थ का निर्माण करता है, भले ही यह हमेशा अधूरा रहता है, कभी भी अनुभव की संपूर्णता को पूरी तरह से नहीं पकड़ पाता। जैसे-जैसे मैं पाठ में गहराई से उतरता गया, मैंने खुद को एक आकर्षक विरोधाभास का सामना करते हुए पाया - हनुमान, संदेशवाहक, शब्दों के वाहक, उनके मूक संरक्षक भी हैं। वे क्षेत्रों के बीच यात्रा करते हैं, अर्थों को सीमाओं के पार ले जाते हैं, बोले गए और अनकहे के बीच तनाव को मूर्त रूप देते हैं। पाज़ कहते हैं, "लिखना अर्थ को छोड़ देना है" और इस घोषणा में मुझे समुद्र पार

हनुमान की असीम छलांग की प्रतिध्वनि मिली - सिर्फ़ एक शारीरिक उपलब्धि नहीं, बल्कि एक ज्ञानमीमांसा, समझ के दायरे के बीच एक आंदोलन। रात के उन आखिरी घंटों में, जब मैं पाज़ की काव्यात्मक जांच में डूबा हुआ था, मैंने हनुमान को एक बिल्कुल नए प्रकाश में समझना शुरू किया। वह सिर्फ़ योद्धा ही नहीं थे, जिन्होंने समुद्र पार करके लंका तक छलांग लगाई, सिर्फ़ विनम्र भक्त ही नहीं थे, जिन्होंने अपने भीतर भगवान राम की उपस्थिति को प्रकट करने के लिए अपनी छाती चीर दी - वे भाषा के संरक्षक, अभिव्यक्ति के स्वामी, ध्वनि और अर्थ के बीच एक सेतु भी थे। पाज़, जो पश्चिमी साहित्यिक परंपराओं में डूबे हुए कवि थे, ने हनुमान को सिर्फ़ एक पौराणिक चरित्र ही नहीं, बल्कि एक दार्शनिक मार्गदर्शक भी पाया। और पाज़ के ज़रिए, मैंने भी हनुमान को फिर से खोजा - उस देवता के रूप में नहीं, जिसे मैं हमेशा से जानता था, बल्कि उस व्याकरणविद के रूप में, जिसे मैंने अनदेखा कर दिया था। यह किताब न तो कविता है और न ही एक पारंपरिक निबंध, बल्कि दोनों का मिश्रण है। पाज़ को पारंपरिक सीमाओं को तोड़ने में मज़ा आता था, उनका मानना था कि विपरीत चीज़ें - जैसे प्रकाश और अंधकार, सत्य और असत्य - आपस में जुड़ी हुई हैं। वे अतियथार्थवाद से प्रभावित थे, जिसने सपनों और वास्तविकता के बीच के अंतर को चुनौती दी। द मंकी ग्रामरियन में, वे पाठकों को जो वे देखते हैं उससे परे देखने के लिए प्रोत्साहित करते हैं और इसके बजाय अपनी धारणाओं को गहरी समझ के मार्ग के रूप में उपयोग करते हैं।

जबकि पुस्तक को एक यात्रा कथा माना जा सकता है, पाज़ ने "यात्रा" का अर्थ फिर से परिभाषित किया है। गलता की उनकी भौतिक यात्रा के साथ ज्वलंत संवेदी विवरण हैं - फीके रंग से ढकी दीवारें, भिखारी बच्चे, धार्मिक तीर्थयात्री और रहस्यमय संत। उन्होंने तस्वीरें भी शामिल की हैं, शायद इस बात के प्रमाण के रूप में कि ये छापें वास्तविक हैं।

पुस्तक में केंद्रीय प्रतीक हनुमान हैं, जो रामायण के वानर देवता हैं। हनुमान अपनी ताकत, वफादारी और लंबी दूरी तक छलांग लगाने की क्षमता के लिए जाने जाते हैं। उन्हें एक व्याकरणविद, भाषा का स्वामी भी कहा जाता है। यह द्वंद्व पाज़ को आकर्षित करता है: हनुमान ब्रह्मांड में भौतिक रूप से घूमते हैं और शब्दों के माध्यम से इसे आकार भी देते हैं। पाज़ का सुझाव है कि मनुष्य भी ऐसा ही करते हैं - हम दुनिया में कार्य करते हैं, फिर अपने कार्यों का वर्णन करने के लिए भाषा का उपयोग करते हैं। लेकिन क्या शब्द कभी वास्तविकता को पूरी तरह से पकड़ सकते हैं? यदि हम किसी रंग को "पीला" कहते हैं, तो क्या यह उसकी वास्तविक प्रकृति को परिभाषित करता है? यदि हम किसी स्थान को "गल्ता" कहते हैं, तो क्या उसमें उसका सार निहित होता है?

"स्वर्ग की आलोचना को भाषा कहा जाता है: उचित नामों का उन्मूलन; भाषा की आलोचना को कविता कहा जाता है: नाम पतले होते जाते हैं, पारदर्शिता के बिंदु तक,

वाष्पीकरण के बिंदु तक। पहले मामले में, दुनिया भाषा बन जाती है; दूसरे में, भाषा एक दुनिया में बदल जाती है। कवि के लिए धन्यवाद, दुनिया बिना नामों के रह जाती है। फिर, एक पल के लिए, हम इसे ठीक उसी तरह देख सकते हैं जैसा कि यह है - एक मनमोहक नीला। ..."

जब पाज़ गल्ता के पास पहुँचता है, तो उसे एहसास होता है कि वह वास्तव में आगे नहीं बढ़ा है - ठीक वैसे ही जैसे हम सभी अपने भीतर फँसे रहते हैं, लगातार एक ही समय में घर छोड़ने और वापस लौटने की कोशिश करते रहते हैं। वह समय को एक सीधी रेखा के रूप में नहीं बल्कि एक चक्र के रूप में देखता है, जो हमेशा स्वयं के चारों ओर घूमता रहता है। पुस्तक स्वयं इस संरचना को प्रतिबिंबित करती है, विचारों और शब्दों के एक सर्पिल में खुद पर वापस लौटती है। अंत में, पाज़ पहचानता है कि उसका लेखन कहीं "नहीं जाता" - यह बस खुद का सामना करता है।

इस संरचना के कारण, द मंकी ग्रामेरियन पढ़ना मुश्किल है, और कई लोग इसे पूरा पढ़ने के लिए संघर्ष करते हैं। हालांकि, जो लोग इसे पढ़ते रहते हैं, उनके लिए यह गहरी अंतर्दृष्टि प्रदान करता है। यह सुझाव देता है कि भारत जैसे स्थान, अलग-थलग नहीं होते हैं, बल्कि उन लोगों द्वारा आकार लिए जाते हैं जो उन्हें अनुभव करते हैं। हमारे शरीर, हमारी धारणाएँ और उनका वर्णन करने के लिए हम जिन शब्दों का उपयोग करते हैं, वे सभी एक एकल, क्षणभंगुर वास्तविकता में विलीन हो जाते हैं। जैसा कि पाज़ कहते हैं, "शब्द दुनिया का एक अवतरण है" - जिसका अर्थ है कि भाषा हमें उस वास्तविकता से अलग करती है जिसे वह परिभाषित करने का प्रयास करती है।

द मंकी ग्रामेरियन केवल भारत, भाषा या समय के बारे में एक पुस्तक नहीं है - यह अस्तित्व पर एक ध्यान है।

***

"आर्यव," दादाजी ने कहा, उनकी आवाज़ पलटते हुए पन्ने की तरह नरम थी, "तुमने सुना है कि कैसे हनुमान ने समुद्र पार किया, पहाड़ों को उठाया और गरज के साथ बात की। लेकिन क्या होगा अगर मैं तुम्हें बताऊँ - कुछ वानर आकाश में नहीं कूदते...

वे भाषा के माध्यम से कूदते हैं।

एक बार एक वानर राज था - शायद हनुमान खुद नहीं, बल्कि उनकी प्रतिध्वनि। एक वानर राज जो जंगल में नहीं, बल्कि पुस्तकालय में पैदा हुआ था।

कोई बेल नहीं। केवल अलमारियाँ। कोई आम नहीं। केवल पांडुलिपियाँ।

यह वानर राज, आर्यव, राक्षसों से कुश्ती नहीं लड़ता था। वह क्रियाओं से कुश्ती लड़ता था। वह पहाड़ नहीं उठाता था। वह अपने छोटे-छोटे, हाथ में वाक्य लेकर चलता था।

वह अपनी रीढ़ की हड्डी में गहराई से विश्वास करता था कि कहीं, सही वाक्य के अंदर

छिपा हुआ, ब्रह्मांड का रहस्य है।

एक जादू के रूप में व्याकरण

देखिए, वह केवल मनोरंजन के लिए नहीं पढ़ रहा था। वह सोचता था कि हर अल्पविराम एक सुराग है, हर अर्धविराम एक द्वार है। वह हनुमान की तरह पढ़ता था - निडर होकर।

"वाक्य को समझना," उसने कहा, "स्वयं को समझना है। और स्वयं पर महारत हासिल करना... सत्य को खोलना है।"

कुछ लोग हँसे। "यह केवल व्याकरण है!"

लेकिन वह नहीं।

उसके लिए, व्याकरण भक्ति थी। हनुमान की राम में आस्था की तरह ही उन्हें भाषा में भी आस्था थी।

गलता की यात्रा

अब यहाँ चतुराई वाली बात है, आर्यव।

यह वानर राज व्याकरणविद तीर्थयात्रा पर निकलता है। लेकिन पहाड़ों से नहीं - अर्थ से।

वह भारत के पवित्र शहर गलता से होकर गुजरता है। मंदिरों, बंदरों और गूँजों से भरा शहर।

और चलते-चलते उसे कुछ बहुत ही अजीब एहसास होता है:

वह दुनिया को नहीं पढ़ रहा है।

दुनिया उसे पढ़ रही है।

वह जो भी कदम उठाता है, जिस मंदिर से गुजरता है, जिस वानर राज को देखता है...उसके दिमाग का एक हिस्सा प्रतिबिंबित होता है।

हनुमान की तरह लंका की ओर उड़ते हुए, यह वानर राज भीतर की ओर यात्रा करता है।

उसे क्या मिला

सड़क के अंत में - सभी शब्दकोशों और स्क्रॉल के बाद, सभी स्वरों और क्रियाओं के बाद - वानर राज को कोई सुनहरा जवाब नहीं मिलता।

लेकिन मौन।

हनुमान के पास अपनी ड्यूटी खत्म करने के बाद जैसा मौन था।

ऐसा मौन जिसमें सब कुछ पता होता है, और कुछ भी नहीं कहा जाना चाहिए।

"शब्दों ने," वह फुसफुसाते हुए कहा, "मुझे यहाँ तक पहुँचाया।

लेकिन अब जब मैं यहाँ हूँ... मुझे उनकी ज़रूरत नहीं है।"

"तो आर्यव," दादाजी ने मोमबत्ती की रोशनी जैसी गर्म आवाज़ में कहा, "यह वानर राज - हनुमान की तरह ही - समर्पित था। किसी राजकुमार के प्रति नहीं, बल्कि ज्ञान के प्रति। और

उसने सीखा कि पढ़ना तथ्यों के बारे में नहीं है। यह बनने के बारे में है।"

आर्यव ने पलकें झपकाईं।

"तो किताबें मुझे हनुमान की तरह मज़बूत बना सकती हैं?"

दादाजी मुस्कुराए।

"ज़्यादा मज़बूत। क्योंकि तुम्हारी लड़ाई राक्षसों से नहीं होगी...
बल्कि भ्रम, संदेह और भय से होगी।
और उन लड़ाइयों के लिए, किताबें तुम्हारी गदा हैं।"

33

अष्ट सिद्धि नौ निधि के दाता के विविध रूप

कहानी एक: हनुमान ने ऋषि वाल्मीकि को कैसे प्रेरित किया

मेरे छोटे शेर शावक आर्यव, पास आओ और ध्यान से सुनो- क्योंकि मैं तुम्हें एक ऐसी अद्भुत कहानी सुनाने जा रहा हूँ, जिसे पहाड़ भी बादलों से फुसफुसाते हैं!

बहुत पहले, नदियों के अपने वर्तमान गीत गाने से पहले और कवियों द्वारा भगवान राम की कहानी से पन्ने भरने से पहले, वाल्मीकि नाम के एक ऋषि रहते थे। हाँ, वही वाल्मीकि, जिन्होंने महान रामायण लिखी थी! लेकिन क्या आप जानते हैं... एक समय ऐसा भी था जब वे भी प्रेरणा की चिंगारी की तलाश में भटक रहे थे?

एक सुबह, वाल्मीकि पहाड़ियों के पार, घने जंगलों और शांत उपवनों से होते हुए निकल पड़े, इस उम्मीद में कि प्रकृति स्वयं उन्हें राम के जीवन के रहस्यों के बारे में बताएगी। दिन बीतते गए। पक्षी चहचहाते रहे। हवाएँ गरजती रहीं। फिर भी वे शब्द जो वे खोज रहे थे, अभी भी उनकी पहुँच से बाहर नाच रहे थे।

फिर, ऊंचे पहाड़ों में, जहाँ बर्फ आसमान को चूम रही थी और समय भी सांस लेने के लिए धीमा हो गया था - वाल्मीकि ने कुछ ऐसा देखा, जिससे उनकी बुद्धिमान बूढ़ी आँखें चौड़ी हो गईं। वहाँ, एक चमकदार हिमनद धारा के किनारे एक चिकनी चट्टान के ऊपर बैठे, कोई और नहीं बल्कि हनुमान थे - हमारे शक्तिशाली बजरंग बली! लेकिन रुकिए! वह इस बार आसमान में छलांग नहीं लगा रहे थे या पहाड़ नहीं उठा रहे थे।

नहीं! वह अपने चारों ओर एक सौम्य चमक के साथ बैठे थे, उनकी पूंछ एक प्रश्न चिह्न की तरह मुड़ी हुई थी, और उनके हाथ में एक नुकीली टहनी थी। और वह क्या कर रहे थे? लिख रहे थे।

हाँ, छोटे बच्चे – वे लिख रहे थे! ताड़ के पत्तों पर, एक कलाकार की देखभाल और एक

भक्त के प्यार के साथ, हनुमान रामायण का अपना संस्करण लिख रहे थे। प्रत्येक स्ट्रोक भक्ति की आग से चमक रहा था, प्रत्येक शब्द सत्य से चमक रहा था, और पत्ते सुंदरता से कांप रहे थे।

वाल्मीकि चुपचाप देख रहे थे। फिर, हनुमान ने ऊपर देखा, अपनी उस चौड़ी, चमकदार मुस्कान के साथ मुस्कुराए, और कुछ छंद साझा किए।

आर्यव, जब वाल्मीकि ने उन्हें सुना, तो उनका दिल टूट गया - दर्द से नहीं, बल्कि विस्मय से। उनकी आत्मा भावनाओं की बाढ़ से भर गई। उन्होंने महसूस किया कि उन्होंने जो सुना था वह इतना राजसी, इतना सुंदर था, कि वह जो कुछ भी लिख सकते थे, वह हनुमान के शब्दों की दिव्यता से मेल नहीं खा सकता था।

ऋषि के गालों पर मानसून की बारिश की तरह आँसू बह रहे थे। "हे हनुमान," उन्होंने फुसफुसाते हुए कहा, "अब मैं कैसे लिख सकता हूँ? आपकी रामायण वह है जिसे दुनिया को पढ़ना चाहिए।"

अब, यहाँ कहानी एक जादुई मोड़ लेती है।

क्या आप जानते हैं कि हनुमान ने क्या किया?

हवा की तरह हल्की हंसी और समुद्र की तरह गहरे दिल के साथ, हनुमान ने बस उन सभी ताड़ के पत्तों को लिया - उनके अनमोल, उत्तम छंद - और उन्हें धीरे से बर्फीले पहाड़ी नाले में बहा दिया।

वूश! वे पवित्र नदी पर कमल की पंखुड़ियों की तरह बह गए।

उन्होंने कहा, "वाल्मीकि, अगर मेरे शब्द आपको दुनिया को राम की कहानी बताने से रोकते हैं, तो उन्हें छोड़ देना ही बेहतर है। आपकी रामायण ही वह है जिसे लोगों को जानना चाहिए।"

और बस इसी तरह, उन्होंने अपनी उत्कृष्ट कृति को त्याग दिया - गर्व से नहीं, बल्कि प्रेम से, भक्ति से और दुनिया की सबसे मधुर, सबसे मजबूत चीज: विनम्रता से।

तो आप देखिए, आर्यव, आज हम जिस रामायण को जानते हैं, वह प्रेरणा और बलिदान दोनों से पैदा हुई थी। उन पहाड़ों की बर्फीली खामोशी में कहीं हनुमान का संस्करण अभी भी गूंजता है... और - कुछ लोग कहते हैं कि भारत में एक मंदिर उन प्राचीन ताड़ के पत्तों के एक छोटे से टुकड़े की रखवाली करता है, जिसे एक ऐसी लिपि में लिखा गया है जिसे समय भी भूल गया है। लेकिन वह, मेरे बेटे... एक और रात के लिए एक कहानी है।

अब, अगली कहानी एक जीवंत कहानी है। थोड़ी तुकबंदी, थोड़ी वानर राज की शरारत।

कथा दो: हनुमान ने कालिदास को तुकबंदी कैसे सिखाई।

"आर्यव," दादाजी ने हंसते हुए कहा, "तुमने कालिदास के बारे में सुना है, है न? भारत के महान कवि?

"अच्छा... कवि कालिदास बनने से पहले, वे गर्वित कालिदास थे।"

बहुत गर्वित कवि, युवा कालिदास प्रतिभाशाली थे। वे रूपक से पहाड़ों को रुला सकते थे। उपमा के प्रयोग से वे कविता कानन में बिजली के फूल खिलाया करते थे। अपने पाठ से पाठक को बेहोश कर सकते थे। लेकिन वे अहंकारी हो गए।

"कोई भी मुझे नहीं सिखा सकता," उन्होंने शेखी बघारी। "देवता भी नहीं।"

ऋषियों ने उनके अहंकार से तंग आकर हनुमान से फुसफुसाकर कहा, जो मुँह में ताड़ का पत्ता लिए बादलों में आराम कर रहे थे।

"क्या तुम किसी कवि को विनम्र बनाना चाहोगे?"

हनुमान मुस्कुराए। "खुशी से।"

एक घुमक्कड़ कवि का वेश धारण करके, हनुमान शहर में घुसे और हास्यास्पद कविताएँ सुनाने लगे।

इस तरह की कविताएं :

चाय की प्याली में घोड़ा नाचा,
बिल्ली ने पहना लाल कुर्ता काचा।
तारों से बातें की जूता बोला,
"मुझे मत खाना, मैं हूँ अनबोला!"

अंडे पे चढ़ा था मच्छर योद्धा,
कहता था, "मैं खाऊँगा सब दही-भात का रब्बा!"
साबुन से लिखी थी प्रेम-कहानी,
भांग पीकर गा रही थी पुरानी दीवानी।

छाता उड़ा और बादल बोले,
"नींबू चूसो, फिर सब डोले!"
पंजे में पहना था केला मामा,
नाच रहा था ड्रम बजा के बकरा शर्मा।

पेड़ पे उगी थी चप्पल की बेल,
खरगोश बोला, "ये है बिजली का मेल!"
कुर्सी ने पहना चश्मा भारी,
और बोली, "मैं आज बनूँगी दुल्हन प्यारी।"

लोग हँसे। कालिदास भड़क गए।

"तुम कविता का मज़ाक उड़ा रहे हो!" उन्होंने चिल्लाया।

हनुमान ने सिर झुकाया। "तो फिर मुझे कविताई में हरा दो।"

उन्होंने द्वंद्वयुद्ध किया—एक दिव्य कविता प्रतियोगिता में रैपर्स की तरह, मौके पर ही तुकबंदी की।

कालिदास ने हर चाल आजमाई। लेकिन हनुमान ने दिव्य चतुराई से हर पंक्ति को हंसी और रोशनी में बदल दिया।

आखिरकार, हनुमान ने अपना भेष बदला।

"तुम बहुत सुंदर लिखते हो," उन्होंने कहा। "लेकिन कविता कोई मुकुट नहीं है—यह एक पुल है।"

"तुम्हारे शब्द लोगों के सिर से ऊपर नहीं उठने चाहिए। उन्हें धीरे से उनके दिलों में उतरना चाहिए।"

कालिदास रो पड़े। फिर हँसे। फिर पूछा: "क्या तुम मुझे सिखाओगे?"

हनुमान मुस्कुराए। "केवल तभी जब तुम दूसरों को सिखाओगे।"

और उस दिन से, कालिदास ने प्रसिद्धि के लिए नहीं—बल्कि सत्य के लिए लिखा।

"तो, आर्यव," दादाजी फुसफुसाए, "तुम्हारा दिमाग बहुत तेज़ है। कालिदास की तरह। लेकिन कभी मत भूलना"—

"दया के बिना ज्ञान शोर है। विनम्रता के साथ ज्ञान? यही कविता है।"

कथा तीन: हनुमान तुलसीदास की भेंट

दादाजी पास झुके और फुसफुसाए जैसे कि वे आर्यव को कोई रहस्य बता रहे हों: "आर्यव, क्या तुम जानते हो... कि हनुमान हाल ही में चित्रकूट में एक ब्राह्मण कवि से मिले थे? कोई भी कवि नहीं। एक कवि जो हर शब्द में भगवान को देखता था। उसका नाम तुलसीदास था।"

"और उस मुलाकात से बंदरों की सेना या पत्थरों के पुल से भी ज़्यादा शक्तिशाली कुछ निकला।"

आर्यव की आँखें चौड़ी हो गईं। "उड़ती हुई छलांग से भी ज़्यादा शक्तिशाली?"

दादाजी मुस्कुराए। "अनंत। यह स्याही में भक्ति की शक्ति थी।"

तुलसीदास एक महान संत के रूप में पैदा नहीं हुए थे। वे किसी और की तरह ही पैदा हुए थे- जिज्ञासु, दोषपूर्ण, लालसा से भरे हुए। लेकिन जो बात उन्हें अलग बनाती थी वह यह थी कि भगवान राम के प्रति उनका प्रेम उनके सीने में जंगल की आग की तरह जलता था। उन्होंने प्रसिद्धि के लिए नहीं लिखा। उन्होंने इसलिए लिखा क्योंकि उन्हें लिखना था-जैसे एक नदी को बहना चाहिए। उन्होंने एक बार कहा था: "अगर मेरे भगवान काँटों पर चलते हैं, तो मेरी कविताएँ

नरम घास की तरह होनी चाहिए।"

उन्होंने रामायण की महान कथा रामचरितमानस लिखी, ताकि सबसे सरल ग्रामीण भी - जो संस्कृत नहीं पढ़ सकते थे - राम की महिमा को महसूस कर सकें।

हनुमान प्रकट होते हैं। एक दिन, जब तुलसीदास गंगा के किनारे एक पेड़ के नीचे बैठकर कविताएँ लिख रहे थे, तो एक अजीब बूढ़ा वानर वहाँ आया और चुपचाप उन्हें देखता रहा।

वानर राज की आँखें दयालु थीं, एक जानकार मुस्कान थी, और एक पूंछ थी जो एक प्रश्न चिह्न की तरह मुड़ी हुई थी।

"जब तुम लिखते हो तो रोते क्यों हो?" वानर राज ने पूछा।

तुलसीदास ने देखा, उनकी आँखों में आँसू थे।

"क्योंकि मैं अपने छंदों में राम को देखता हूँ, लेकिन मैं उन्हें इन्हीं आँखों से देखना चाहता हूँ।"

वानर राज ने सिर हिलाया। "तुम उन्हें देखोगे। जल्द ही।"

फिर—वह गायब हो गया।

आर्यव ने चौंकते हुए कहा। "वह हनुमान था, है न?"

दादाजी ने आँख मारी। "चतुर वानर राज, चतुर पोता।"

बाबा और वो दिव्य बालक

बहुत समय पहले की बात है। एक बाबा थे — बड़े ही भले और शांत स्वभाव के। सभी उन्हें तुलसीदास बाबा कहते थे। वे हमेशा प्रभु राम का नाम जपते रहते थे।

तुलसीदास बाबा को रामजी से बहुत प्रेम था। वे रोज़ सुबह उठकर भगवान की पूजा करते, फिर गाँव के संतों की सेवा में लग जाते।

उनका सपना था —

"काश! एक बार रामजी मेरे सामने आ जाएं। मैं उन्हें देख सकूं... बस एक बार!"

चित्रकूट की यात्रा

एक दिन बाबा चल पड़े चित्रकूट की ओर। कहते हैं, रामजी ने अपने वनवास के दिन वहीं बिताए थे। चित्रकूट बहुत सुंदर जगह है — वहाँ पहाड़ हैं, पेड़ हैं, और एक पवित्र नदी भी बहती है।

जब बाबा वहाँ पहुंचे, तो देखा — नदी के घाट पर बहुत सारे संत और साधु आए हुए थे। सब कोई भजन गा रहे थे, रामकथा सुन रहे थे। बाबा बहुत खुश हुए।

चंदन घिसने की सेवा

बाबा ने सोचा, "मैं भी कुछ सेवा करूं।"

तो वे बैठ गए घाट के किनारे, एक पत्थर पर चंदन घिसने। फिर जो भी साधु या संत आते, बाबा उन्हें अपने हाथों से चंदन का तिलक लगाते और कहते —

"रामजी सबका भला करें।"

संत बहुत खुश होते, और बाबा की तारीफ करते — "तुलसीदास बाबा तो सच्चे भक्त हैं।"

एक अजीब बालक आया

एक दिन, जब बाबा चंदन घिस रहे थे, एक प्यारा सा बालक उनके पास आया। उसके बाल घुंघराले थे, आँखें चमक रही थीं, और चेहरे पर बड़ी सी मुस्कान थी।

बालक बोला,

"बाबा, मुझे भी तिलक लगाइए ना!"

बाबा ने हँसते हुए कहा,

"आओ बेटा!"

और बहुत प्यार से उसके माथे पर चंदन तिलक लगाया।

बालक ने प्रणाम किया और मुस्कराते हुए चल पड़ा। लेकिन बाबा का मन कुछ अजीब-सा हो गया। उन्हें लगा जैसे उस बालक में कोई जादू था… कोई गहराई, कोई चमक।

रात को हुआ चमत्कार

उस रात बाबा ध्यान में बैठे। तभी एक विशाल बंदर जैसा रूप प्रकट हुआ — वो कोई और नहीं, खुद हनुमान जी थे!

हनुमानजी बोले,

"बाबा! जिसे तुमने तिलक लगाया था, वो कोई आम बालक नहीं था।

वो स्वयं भगवान राम थे!

वे तुम्हारी सेवा, तुम्हारे प्रेम से इतने खुश हुए कि साधारण रूप में आकर तुमसे आशीर्वाद लेने आए।"

तुलसीदास बाबा की आँखों से आँसू बहने लगे।

"मैं उन्हें पहचान ही नहीं पाया… प्रभु को देख भी नहीं सका!"

हनुमानजी बोले,

"तुम्हारा प्रेम ही सबसे बड़ा दर्शन है, बाबा। प्रभु तो वहीं हैं, जहाँ भक्ति है।"

34

हनुमान बाहुक बोले तो?

मुझे नींद नहीं आ रही है, दादाजी! मुझे एक और कहानी सुनाओ। एक के बाद एक। मुझे दो कहानियाँ सुनाओ। मेरे लिए एक काफी नहीं है। एक मेरे बाएँ कान के लिए, एक दाएँ कान के लिए।

आह! जैसा कि मैंने अनुमान लगाया था, आर्यव-दोनों! तुम्हारी जिज्ञासा हनुमान की समुद्र पार छलांग की तरह है: साहसी, निडर और अजेय।

दादाजी मुझे अब कहानी नहीं आप हनुमान बाहुक सुनाइए। उसकी कथा क्या है? आपने वादा किया था कि इंडिया से मेरे लिए हनुमान चालीसा लाएंगे। हनुमान चालीसा और हनुमान बाहुक में क्या अंतर है।

"आ जा बेटा, मैं तुझे आज तुलसीदास जी की एक खास रचना की बात बताता हूँ— 'हनुमान बाहुक'। ये कोई आम कविता नहीं है, बल्कि इसके पीछे एक बड़ी अद्भुत कहानी छुपी है।"

"क्या हुआ था दादाजी?"

"बात ये है कि जब तुलसीदास जी बुज़ुर्ग हो चले थे, तो उनके हाथों में बहुत तेज़ पीड़ा रहने लगी थी। इतना दर्द कि वो ठीक से लिख भी नहीं पाते थे। कई वैद्य-हकीम दिखाए, लेकिन आराम नहीं मिला।"

"फिर क्या किया उन्होंने?"

"उन्होंने जो किया वो हमारे लिए भी एक सीख है। उन्होंने अपने कष्ट में भगवान को पुकारा—और वो भी हनुमान जी को, जिन्हें वो बहुत मानते थे। उन्होंने बैठकर हनुमान जी की स्तुति में यह सुंदर काव्य रचा, जिसे हम 'हनुमान बाहुक' कहते हैं।"

"तो ये बाहुक क्या होता है?"

"बाहुक का अर्थ होता है 'बाहु' यानी हाथ। ये पद उस पीड़ा की प्रतीक हैं जो तुलसीदास

जी को अपनी बाहों में थी, और उन्होंने हनुमान जी से उस पीड़ा को हरने की प्रार्थना की थी।"

"तो हनुमान जी ने मदद की?"

"बिलकुल! जब उन्होंने ये स्तुति पूरी की और हनुमान जी का ध्यान करते हुए मन से प्रार्थना की, तो चमत्कार हुआ। उनका हाथ धीरे-धीरे ठीक हो गया।"

"वाह दादाजी! फिर तो ये बहुत चमत्कारी कविता है!"

"हां बेटा। लेकिन चमत्कार से भी बढ़कर इसमें प्रेम है, भक्ति है और वो श्रद्धा है जो भगवान के चरणों में सब कुछ रख देती है। हनुमान बाहुक के पद बहुत सुंदर और गहरे भावों से भरे हैं। इनमें शक्ति है—शरीर की पीड़ा को भी हरने की और मन की अशांति को भी शांत करने की।"

"क्या हम भी इसका पाठ कर सकते हैं?"

"ज़रूर! जब भी तुम्हें कोई संकट हो—शारीरिक हो या मानसिक—तो इसका पाठ करो। मन से हनुमान जी को याद करो। तुलसीदास जी की तरह सच्ची श्रद्धा से। हनुमान जी जरूर सुनते हैं।"

35

सूक्ष्म हनुमान चालीसा

सितारे अभी न निकले थे, नींद में डूबे जुगनू की तरह टिमटिमा रहे थे। आर्यव दादाजी के साथ गलीचे पर बैठा था, अपने सुपरहीरो के साथ कंबल में लिपटा हुआ। उसे डर नहीं लग रहा था - लेकिन उसके सीने में कुछ हिल रहा था। जैसे गिलहरी ने वहाँ योग करना शुरू कर दिया हो। "दादू," आर्यव ने कहा, "जब तुम डर जाते हो तो क्या कहते हो?"

दादाजी मुस्कुराए। "मैं हनुमान चालीसा का पाठ करता हूँ, बेटा। प्राचीन पाठ है। आत्मा के लिए कवच की तरह हैं।"

"क्या मैं भी इसे कह सकता हूँ?"

"हाँ," दादाजी ने कहा, उनकी आँखें चमक रही थीं। "लेकिन मैं तुम्हें एक छोटा सा चालीसा सिखाऊँगा। बस कुछ पंक्तियाँ। लेकिन दमदार। जब तुम्हें अपनी जेब में थोड़ी हनुमान-शक्ति की ज़रूरत होगी।"

दादाजी ने धीरे-धीरे पढ़ा। आर्यव ने उसका अनुसरण किया, उसकी आवाज़ महीन लेकिन उत्सुक थी।

पंक्ति 1:

जय हनुमान ज्ञान गुण सागर

"यह कहना," दादाजी ने समझाया, "जब तुम्हारा दिमाग धुंधला हो या तुम्हारा शरीर थका हुआ महसूस करे। हनुमान सिर्फ़ ताकतवर नहीं हैं - वे चतुर हैं।"

आर्यव ने सिर हिलाया। "होमवर्क पावर की तरह!"

पंक्ति 2:

राम दूत अतुलित बल धामा

"यह कहना," दादाजी ने कहा, "जब तुम्हें हिम्मत की ज़रूरत हो। हनुमान ने कभी हार नहीं मानी। न जंगलों में। न तूफ़ानों में। न लंका में।"

आर्यव ने अपनी छाती फुलाते हुए इसे दोहराया। “भले ही मुझे डेंटिस्ट के पास जाना पड़े!”

पंक्ति 3:

भूत पिशाच निकट नहीं आवे

“यह कहना जब परछाइयाँ नाचने लगें,” दादाजी ने फुसफुसाया। “हनुमान तुम्हारे सपनों की रक्षा करते हैं।”

आर्यव मुस्कुराया। “अलविदा, छाया राक्षस!”

पंक्ति 4:

नासे रोग हरे सब पीरा

“यह कहो,” दादाजी ने आर्यव की छाती थपथपाते हुए कहा, “जब तुम अंदर से भारी महसूस करो। यह तुम्हारे दिल को गुब्बारे की तरह हल्का कर देगा।”

आर्यव ने इसे फुसफुसाया। उसे गर्मी महसूस हुई। उसके पेट में सूरज की रोशनी की तरह।

फिर दादाजी ने धीरे से चारों पंक्तियाँ फिर से गाईं:

जय हनुमान ज्ञान गुन सागर,
राम दूत अतुलित बल धामा,
भूत पिशाच निकट नहीं आवे,
नासे रोग हरे सब पीरा।

“याद रखना, मेरे छोटे शेर,” दादाजी ने कहा। “ये केवल शब्द नहीं हैं। ये चाबियों की तरह हैं। चाबियाँ जो तुम्हारे अंदर की ताकत खोलती हैं।”

आर्यव ने उन्हें एक बार फिर दोहराया।

और उस रात, जब एक छाया दीवार पर चढ़ी और डरावनी दिखने की कोशिश की

आर्यव उठ बैठा। एक साँस ली। और फुसफुसाया:

जय हनुमान ज्ञान गुन सागर...

छाया रुक गई। उसने पलक झपकाई। फिर वह चुपचाप दीवार में समा गई।

बाहर, हवा धीरे-धीरे बह रही थी। और अंदर, एक छोटा लड़का रात में शक्ति आवाहन कर रहा था।

“दादाजी,” आर्यव ने कुर्सी में और गहराई से बैठते हुए कहा, “तो हनुमान एक विश्व यात्री की तरह हैं, और वे बहुत मजबूत और आकर्षक हैं।

“तो तुम देखो, आर्यव,” दादाजी ने झुककर कहा, उनकी आवाज़ एक कोमल ढोल की थाप की तरह थी, “हनुमान सिर्फ़ इसलिए हीरो नहीं थे क्योंकि वे ताकतवर थे। वे इसलिए हीरो

थे क्योंकि वे बुद्धिमान, दयालु, सत्यनिष्ठ, टीम के खिलाड़ी और एक ज्वलंत तीर की तरह तीखे थे। इसलिए देवता भी उनके आगे झुकते हैं।"

"और अगर जीवन में कभी तुम सोचो कि नेतृत्व कैसे करें, मदद कैसे करें, या बस एक बेहतर इंसान कैसे बनें—तो सोचो: हनुमान क्या करेंगे?"

छोटे आर्यव की आँखें सितारों की तरह चमक उठीं। "दादाजी," उसने फुसफुसाया, "क्या तुम्हें लगता है कि मैं किसी दिन हनुमान जैसा बन सकता हूँ?"

उसके दादाजी ने अपने बालों को सहलाते हुए हँसते हुए कहा। "तुम पहले से ही हनुमान जैसे हो, मेरे बेटे। तुम्हें बस छलांग लगानी है।"

और तारों भरे आसमान के नीचे, जब हवा बरगद के पत्तों के साथ नाच रही थी, हनुमान की कहानी आर्यव के दिल में बस गई—शक्ति की कहानी, हाँ, लेकिन उससे भी ज़्यादा, आत्मा की कहानी।

36

पटाक्षेप

शाम के सन्नाटे में, जब घाटों पर मंदिरों की घंटियाँ गूंजती हैं और हवा में धूप की मीठी खुशबू फैलती है, तो भारत के हर कोने से एक नाम उभरता है- हनुमान। सिर्फ़ एक नाम नहीं, सिर्फ़ एक याद नहीं, बल्कि लाखों लोगों के दिलों में एक जीवंत उपस्थिति। पवित्रता को कुछ अजीब और समझने योग्य बनाने की कोशिश करने वाले लोग उन्हें 'मंकी गॉड' कहते हैं, लेकिन भक्तों के लिए वे बजरंगबली, महावीर, अंजनीपुत्र, रामदूत और पवनपुत्र हैं- हर तरह की भक्ति का नाम।

हम हनुमान जी पर लेखन करके क्या साबित करना चाहते हैं? क्या उनका कोई योगदान अनकहा रह गया था, जिसे हमने इस पुस्तक में पेश कर दिया। नहीं - वे भक्ति की जिस राह पर रहे हैं, उस पर लाखों लोग चलते हैं। भक्ति की वही भावना, मनुष्य और भगवान, सेवक और स्वामी के बीच का अटूट पुल है। और ऋषियों, इतिहासकारों और पौराणिक लेखकों—भारत के पौराणिक ताने-बाने के उन अथक बुनकरों—ने उनके अस्तित्व के प्रकाश को पकड़ने की पूरी कोशिश की है। लेकिन हनुमान का चरित्र स्वयं सूर्य के समान है: पूरी तरह से पकड़ने के लिए बहुत तेज, समाहित करने के लिए बहुत विशाल।

जबकि शास्त्रों के अन्य पात्र प्रतीकात्मकता और रूपक की अतिरिक्त परतों के साथ विकसित हुए हैं, हनुमान सीधे, शुद्ध और प्रिय बने रहे हैं। जितना अधिक विद्वानों ने उन्हें रुद्र-अवतार कहकर या वैदिक देवताओं में उनकी शक्ति का पता लगाकर उन्हें शास्त्रीय ऊंचाइयों तक उठाने की कोशिश की, उतना ही अधिक लोग, सरल भक्त, उन्हें अपना प्रिय मानने लगे—विनम्र, शक्तिशाली और अडिग वफादार। यह निष्ठा—दास्य भक्ति—भारतीय सभ्यता को उनका सबसे बड़ा उपहार है। उन्होंने रामायण के पर्वतों, समुद्रों और युद्धक्षेत्रों में इसे जिया, सांस ली और गर्जना की।

हनुमान का जन्म चैत्र शुक्ल पूर्णिमा को देवताओं द्वारा आशीर्वादित हवाओं के तहत हुआ

था। उनकी मां अंजना, एक दिव्य प्राणी, और उनके पिता केसरी, सुमेरु पर्वत के वानर प्रमुख, उनके जन्म के सांसारिक साधन मात्र थे। यह पवन पुत्र, वायु देवता थे, जिन्होंने उन्हें जीवन, गति और सांस दी - ठीक उसी तरह जैसे प्राण मानव आत्मा को जीवंत करता है।

जब वह निर्णायक क्षण आया, सीता की खोज का दायित्व उन्हें दिया गया तो जब अंगद, नल और नील जैसे महान योद्धा अपनी ताकत का पुरजोर बखान कर रहे थे, हनुमान चुपचाप बैठे रहे, अपनी सीमाओं के बारे में अनिश्चित, जब तक कि जाम्बवान ने उन्हें याद नहीं दिलाया कि वे कौन हैं।

उनकी विनम्रता ऐसी थी - कि उन्हें अपनी शक्ति की याद दिलाने की जरूरत थी। उन्होंने लंका को जला कर रख दिया, उसकी सुनहरी मीनारों को हिला दिया, और फिर भी सीता के सामने हाथ जोड़कर खड़े रहे - एक नायक की तरह नहीं, बल्कि एक सेवक की तरह। और जब वे विजयी और प्रसन्न मुद्रा लिए हुए लौटे, तो उन्होंने राम से क्या कहा? बस इतना: "मैंने सीता को देखा। वह सुरक्षित है।" कोई शेखी नहीं बघारी। कोई नाटक नहीं खेला। सिर्फ भक्ति भाव दिखाया।

हम कहते हैं कि उन्होंने लक्ष्मण को बचाने के लिए एक पहाड़ को उठाया। सच है। लेकिन उससे भी ज़्यादा भारी था उनके दिल में प्रेम का बोझ, जिसने उस पहाड़ को उठा लिया। हम कहते हैं कि उन्होंने रावण की सेनाओं को हराया। सच है। लेकिन उससे भी ज़्यादा शक्तिशाली था वह तूफ़ान जिसे उन्होंने अपने मन के अंदर शांत किया जब निराशा ने उनके मिशन को धूमिल कर दिया।

उदाहरण के लिए सुंदरकांड के उन दो प्रसंगों को लें। सबसे पहले, वे मंदोदरी को सोते हुए देखते हैं और कुछ देर के लिए उन्हें सीता समझ लेते हैं। एक नटखट बच्चे की तरह, वे खुशी से उछलने लगते हैं, अपनी पूंछ हिलाते हैं और खंभों पर कूदते हैं। लेकिन जल्द ही, यह विचार उन्हें शांत कर देता है: राम से अलग सीता कभी इस तरह सुखपूर्वक और निश्चिंत मुद्रा में नहीं सो सकती थी। वे खुद की भूल को सुधारते हैं। उनके मन में कोई शर्म नहीं, कोई डर नहीं - बस मासूमियत और स्पष्टता।

दूसरे एपिसोड में, सीता को न पाकर, वे निराशा में डूब जाते हैं। उनका मन प्रलय की भविष्यवाणियों से गुज़रता है- राम मरेंगे, लक्ष्मण मरेंगे, भरत भी मरेंगे, और अयोध्या और किष्किंधा के सभी लोग शोक में डूब जाएँगे। उनके हृदय में इतनी कोमलता है कि वह असफलता से होने वाले दुःख की लहर को महसूस कर सकता है। फिर, जिस पवन से वह पैदा हुए थे उसी पवन वेग से वे फिर से खुद को संभालते हैं और दृढ़ संकल्प के साथ लंका के हर कोने की तलाशी लेने निकल पड़ते हैं।

आज कौन ऐसा सोचता है? दूसरों के लिए इतना गहरा शोक कौन मनाता है? केवल एक

सेवक जिसका प्रेम दिव्य हो गया है। हनुमान कोई साधारण वानर नहीं हैं। न ही वे केवल एक योद्धा या संदेशवाहक हैं। वे भक्ति का मूर्त रूप हैं। उनमें दिव्य और सांसारिक दोनों का मिलन है। वे देवताओं की भाषा बोलते हैं, लेकिन एक आम आदमी की सादगी से काम करते हैं। उनके हाथ पहाड़ों को कुचलने के लिए पर्याप्त मजबूत हैं, लेकिन राम के चरणों में बैठकर उन्हें धीरे से दबाने के लिए पर्याप्त कोमल भी हैं।

जो लोग उन्हें "वानर-भगवान" या मंकी गॉड कहते हैं, उन्हें यह जान लेना चाहिए: उनकी पूजा इसलिए नहीं की जाती कि उनके पास अदम्य शक्ति थी या वे समुद्र पार कर गए थे। उनकी पूजा इसलिए की जाती है क्योंकि उन्होंने बिना किसी शर्त के भगवान के चरणारविंद से प्रेम किया। उन्होंने राम के नाम को महान बनाने के लिए खुद को छोटा बना लिया। क्योंकि उन्होंने एक राष्ट्र को सेवा करना सिखाया - दासता से नहीं, बल्कि गर्व, उद्देश्य और जुनून के साथ। और यही कारण है कि रामेश्वरम से लेकर हिमालय तक, हर मंगलवार, हर गली और हर बस्ती में ये नारे गूंजते हैं: "जय हनुमान ज्ञान गुन सागर, जय कपीस तिहुँ लोक उजागर!"

॥ श्री हनुमान चालीसा ॥

॥ दोहा ॥

श्रीगुरु चरन सरोज रज, निज मनु मुकुरु सुधारि।
बरनऊँ रघुबर बिमल जसु, जो दायकु फल चारि॥

जय हनुमान ज्ञान गुण सागर।
जय कपीस तिहुँ लोक उजागर॥
राम दूत अतुलित बल धामा।
अंजनि-पुत्र पवनसुत नामा॥

महाबीर बिक्रम बजरंगी।
कुमति निवार सुमति के संगी॥
कंचन बरन बिराज सुबेसा।
कानन कुंडल कुंचित केसा॥

हाथ वज्र औ ध्वजा बिराजे।
काँधे मूँज जनेऊ साजे॥
संकर सुवन केसरी नंदन।
तेज प्रताप महा जग बंदन॥

विद्यावान गुनी अति चातुर।
राम काज करिबे को आतुर॥
प्रभु चरित्र सुनिबे को रसिया।
राम लखन सीता मन बसिया॥

सूक्ष्म रूप धरि सियहिं दिखावा।
बिकट रूप धरि लंक जरावा॥
भीम रूप धरि असुर संहारे।
रामचंद्र के काज सँवारे॥

लाय सजीवन लखन जियाये।
श्रीरघुबीर हरषि उर लाये॥
रघुपति कीन्ही बहुत बड़ाई।
तुम मम प्रिय भरतहि सम भाई॥

सहस बदन तुम्हरो जस गावैं।
अस कहि श्रीपति कण्ठ लगावैं॥
सनकादिक ब्रह्मादि मुनीसा।
नारद सारद सहित अहीसा॥

जम कुबेर दिगपाल जहाँ ते।
कवि कोबिद कहि सके कहाँ ते॥
तुम उपकार सुग्रीवहिं कीन्हा।
राम मिलाय राजपद दीन्हा॥

तुम्हरो मंत्र विभीषण माना।
लंकेश्वर भए सब जग जाना॥
जुग सहस्त्र जोजन पर भानू।
लील्यो ताहि मधुर फल जानू॥

प्रभु मुद्रिका मेलि मुख माहीं।
जलधि लांघि गए अचरज नाहीं॥
दुर्गम काज जगत के जेते।
सुगम अनुग्रह तुम्हरे तेते॥

राम दुआरे तुम रखवारे।
होत न आज्ञा बिनु पैसारे॥
सब सुख लहै तुम्हारी सरना।
तुम रक्षक काहू को डर ना॥

आपन तेज सम्हारो आपै।
तीनों लोक हांक तें कांपै॥
भूत पिशाच निकट नहिं आवै।
महाबीर जब नाम सुनावै॥

नासै रोग हरै सब पीरा।
जपत निरंतर हनुमत बीरा॥
संकट से हनुमान छुड़ावै।
मन कर्म बचन ध्यान जो लावै॥

सब पर राम तपस्वी राजा।
तिनके काज सकल तुम साजा॥
और मनोरथ जो कोई लावै।
सोइ अमित जीवन फल पावै॥

चारों जुग परताप तुम्हारा।
है परसिद्ध जगत उजियारा॥
साधु सन्त के तुम रखवारे।
असुर निकन्दन राम दुलारे॥

अष्ट सिद्धि नव निधि के दाता।
अस बर दीन जानकी माता॥
राम रसायन तुम्हरे पासा।
सदा रहो रघुपति के दासा॥

तुम्हरे भजन राम को पावै।
जनम जनम के दुख बिसरावै॥
अंतकाल रघुबर पुर जाई।
जहाँ जन्म हरि भक्त कहाई॥

और देवता चित्त न धरई।
हनुमत सेइ सर्ब सुख करई॥
संकट कटै मिटै सब पीरा।
जो सुमिरै हनुमत बलबीरा॥

जय जय जय हनुमान गोसाईं।
कृपा करहु गुरुदेव की नाईं॥
जो सत बार पाठ कर कोई।
छूटहि बंदि महा सुख होई॥

जो यह पढ़ै हनुमान चालीसा।
होय सिद्धि साखी गौरीसा॥
तुलसीदास सदा हरि चेरा।
कीजै नाथ हृदय महँ डेरा॥

पवन तनय संकट हरन, मंगल मूरति रूप।
राम लखन सीता सहित, हृदय बसहु सुर भूप॥